我在山東當院長

U0118264

好評推薦

「如果您認為這本關於中國『教育小官』的書一定很乏味，請您別遽下定論。《我在山東當院長》是一本熠熠生輝、韻味無窮的傑作，它講述了一位牛津大學畢業的加拿大政治學家如何成為中國儒家政治理論的領軍人物。貝淡寧的故事迷人，字裡行間透著自嘲式的幽默，在當前的氣氛下，它也展現了非凡的勇氣。讀畢這本書，你會比以前更瞭解中國人和中國的制度。」

——詹姆斯・漢金斯（James Hankins），哈佛大學

「《我在山東當院長》帶我們走進了西方人很少去過的地方——習近平時代中國大學的教師休息室、教室和黨會議。這是個《幸運的吉姆》遇上《美麗新世界》的場景：貝淡寧對一位資深學者在中國大學生活的描述時而人性化、時而令人不安，時而搞笑——但總是令人大開眼界。」

——芮納・米德（Rana Mitter），哈佛大學

「儒家傳統的主要詮釋者貝淡寧，帶領我們走進當代中國高等教育的堡壘。他坦誠睿智、風趣幽默，講述了從加拿大法語區出生、入讀牛津大學，到遠赴中國最負盛名之一的山東大學擔任院長的輝煌學術生涯。貝淡寧敘述的故事引人入勝，他還以清晰的思路、敏銳的觀察力分析了中國和中國知識分子在 21 世紀面對的諸多挑戰和希望。」

——孫笑冬（Anna Sun），杜克大學

為子、為弟、為人臣、為師長、為夫、為父，有子、有猶子、有孫，奉身即有餘矣。為時乃不足，不足者何？不能為大君致一統、定八方，誠有愧于歷職歷官，何以答乾坤之施。

　　——馮道（公元 882–954 年）:《長樂老自敘》。

　　十世紀中國官員。

我在山東當院長

一位中國大學小官的自白

貝淡寧 (Daniel A. Bell)　著

林少予　譯

HKU
PRESS
香港大學出版社

香港大學出版社
香港薄扶林道香港大學
https://hkupress.hku.hk

© 2024 香港大學出版社

ISBN 978-988-8842-79-7（平裝）

10 9 8 7 6 5 4 3 2 1

陽光（彩美）印刷有限公司承印

獻給沛

目錄

感謝辭

這本書取材自我 2017 至 2022 年擔任山東大學政治學與公共管理學院院長的經歷。我最感謝的是那段期間我的同事和學生。我這個院長的表現，可能不如他們預期；我只希望能藉這本書表達我的感激之情。山東大學的獨特環境，不僅滋養了我的學習，也讓我獲得眾多友朋情誼。

我特別感謝我的編輯、傑出的羅布・坦皮奧（Rob Tempio）；他督促我不斷修改，直到我能恰如其分地表達我的意思。我還要感謝三位匿名審稿人的長篇審讀建議，讓我獲益匪淺。此外，我也要謝謝沙迪・巴特奇－齊默（Shadi Bartsch-Zimmer）、詹姆斯・漢金斯（James Hankins）和我的妹妹薇萊麗（Valérie）在稿件成形的初期階段精讀、細評與鼓勵；最後，瑪德琳・亞當斯（Madeleine Adams）出色的文稿編輯，普林斯頓大學出版社的蘇珊・克拉克（Susan Clarke）、克洛伊・科伊（Chloe Coy）和珍妮・沃爾科維奇（Jenny Wolkowicki）在出版過程中親切又有效率的協助，也對這本書得以出版有無法抹滅之功。這本書前後經過了多次校稿增刪，我強烈建議看過早期校稿的朋友，把您手上的稿件扔進垃圾箱。

　　對於中文譯本，我非常感謝香港大學出版社社長麥克‧達克沃斯（Michael Duckworth）的大力支持，也感謝林少予的精彩翻譯。

　　我把這本書獻給我的妻子汪沛。我和中國大陸以外的家人和朋友分開近三年，心理上的煎熬難以言說。但在這段期間，我和沛幾乎分分秒秒都在一起，不僅滋養了我的思辨能力和我們的感情，對我履行院長的職責也多所助益。我在院長任內犯下不少錯誤，我應該擔起全部責任，但就那些進展順利的事情，大部分應該歸功於沛的非正式建議。我還要感謝我們的兩隻貓喆喆和樂樂；儘管我和沛都對貓過敏，但牠們帶給我們的生活無數歡樂。

(繁體)中文版前言

　　我現在翻閱這本書時，彷彿它是一份我的前世紀錄，或者，我應該這麼說：這本書記錄的是另一個人。現在的我，已經很難理解當時的我，為什麼想擔任院長。我現在在香港大學任職，是單純的學者，沒有任何政治野心，也無意在大學的行政部門工作；我明白，這才是更適合我的位置。我希望讀者對這本書產生興趣的原因，是它講了一位來自西方的外國學者「負責」中國大陸一個大型政治學學院後發生的故事；但我個人已經沒有任何緬懷故舊之情。我也不會想再過一次那種日子。

　　我的妻子、也是和我共同發表研究成果的汪沛，現在也在香港大學全心全意進行學術研究。她是我在院長任內快樂的泉源。現在，她也快樂得多。這是一本大體上在描述失敗的書。少部分能夠順遂而行的事情，都仰賴她提供的非正式建議。但對沛來說，擔任不支薪的實質院長助理，並不總是愉快的。我們就像全球各地的人一樣，慶幸能夠進入後新冠時代，也不必像居家隔離時一樣，擔心諸如哪裡還有染髮服務之類的問題（那段期間，沛也不得不浪費不少時間協助處理我的事情）。一整天辛苦的學術工作結束後，與愛人各拿杯琴東尼（Gin Tonic）、一起坐在大學公寓的陽台上俯瞰大海。此情此景，夫復何求？

本書英文版從頭——也就是從封面開始就得到不少佳評——到尾，還是封面獲得普遍好評。我的父親唐・貝爾（Don Bell）是加拿大的知名作家，後來轉行經營二手書買賣；他告訴我，一本書是好是壞，不看別的、只看封面，就八九不離十。基於這些理由，這本書可真是洛陽紙貴。以下是背景故事。起初，我求助一個名為 DALL-E2 的人工智能系統。它根據我的提示，提供了一些我認為還不錯的封面創意；但負責這本書出版事宜的優秀編輯、普林斯頓大學出版社的羅布・坦皮奧否決了那些創意，並且說「感謝上帝，擅長平面設計的人還沒絕跡」。他寄給我一些封面設計稿，但我無法決定哪個合適。沛建議我們選擇其中一個利用表情符號，或多或少反映了這本書的幽默風格、也是最可愛的設計（回頭想想，我其實想不出是什麼鬼使神差，讓我能夠運用輕鬆幽默的風格，寫下像是官僚制度、馬克思主義及儒家思想等等沉重議題）。我們對這個選擇非常滿意：從來就沒有這麼多人傳給我的電郵和微信訊息，是一本書的封面和一個微笑表情。

對於中文翻譯，我最感謝的是香港大學出版社社長麥克・達克沃斯熱心接過中文版問世的工作、林少予優美流暢的翻譯，以及沛細心、一字不漏地過目譯文與長時間幫助我回答譯者的問題。

此外，本書中文版還納入一篇記述新冠疫情初期我在上海結婚的文章。文章中提到不少與翻譯以及跨文化理（誤）解相關議題的看法（也許還要加上關於人性的討論），希望這些內容會特別燃起中國讀者的興趣。但由於這些內容的性質與中國學術界無關，所以放在後記中以饗讀者。

2023 年 9 月 12 日

導言：一位山東省小官的自白

　　我現在不是、也從來不曾是中國共產黨黨員，卻在中國一所政治學系師資隊伍龐大的大學裡擔任院長。這個職位的責任是訓練學生和省級幹部成為黨政官員以報效國家。這個職務有其政治敏感性，所以通常保留給黨員出任。非黨員能夠擔任這個職務，是不合常理、出人意表的特例；另一個意外是，我是在蒙特婁（Montreal）出生和成長的加拿大公民，沒有任何中國血緣。2017 年 1 月 1 日，我正式受聘為山東大學政治學與公共管理學院院長。我是中國大陸有史以來第一位主管政治學科師資的外籍院長。在中國，這是大新聞。山東大學是這個人口上億的大省的一線大學，政治學與公共管理學院有八十多名教師和一千多名學生。我被聘任為院長，並不是因為我致力研究中國官方的馬克思主義意識形態，而是因為儒家思想是我的學術工作方向。山東省是儒家文化發源地：孔子和孟子都出生在（現在的）山東省，荀子在山東中部、地位相當於中國的柏拉圖學園的稷下學宮任教。[1]我們的黨委書記是孔子的第七十六代孫，他認為我也許能幫忙推廣儒家思想，同時使我們的學院國際化，提升學術成果。

　　如果從過去四十年中國的改革時期，高等教育轉型的背景來看，我被聘任為院長也就沒那麼意外了。中國各大學藉由整合國際維度與教學研究活動、以及鼓勵使用英語（尤其在科學、工程和企業管理領域）等方式，強力推動國際化。各大學競相聘用在國外受教育的教師和外籍教師，並且為中國教師海外研修與學生留學計劃提供資金。他們也和外國夥伴合作，由政府支持替外國大學籌建校園。上海紐約大學就是一例。一流大學如位於北京的清華大學則與西方最好的大學競爭，它們的國際學術排名也穩步上升。[2] 山東大學的國際化進程可能有一段時間較為緩慢，但它也在奮力追趕。[3] 然而，國際化並不一定意味西化。過去十年來，西方思想在知識生產（尤其是在人文和社會科學領域）的角色開始遭到質疑。國際化也逐漸被視為將外國知識帶到中國、並將中國知識帶到世界各地的雙向道。[4] 在這種背景下，山東大學聘請一位外國儒家學者擔任院長的動機，就不難理解：此舉既可以促進學校國際化，也有助於把中國傳統帶到世界各個角落。

　　我想寫的是我在這個山東小官任內意氣風發或快樂的故事，但當時我既拙且紕，經常搞砸事情。即使如此，院長一職讓我得以從一個獨特、有利的位置，觀察中國的學術和政治制度。這本書即是我擔任院長五年間的所見、所聞與所感。雖然我行文語氣輕快，還不時自我調侃，但本書性質並非著聞憶往。我的目的是分享我參與中國學術界內部運作的實際經驗與看法，並據以提出對規模更大的中國政治制度方方面面有所啟發之處。本書由十餘篇相互關聯、大致按時間順序排列的短文組成。

　　首先，我要交代一些背景。我必須先闡述一些關於儒家思想的看法，以及過去三十年左右它在中國復甦的情形。從二十世紀初以來，儒家傳統在中國命運多舛，屢屢遭到宣告死亡對待，但現在卻戲劇性地捲土重來。其次，我會談談我的背景：一個來自蒙特婁、卑微的工人階級出身的人，最後怎麼會在一個極度抗

拒改變、相對保守的中國省份當個小官？⁵接著，我得解釋這本書的形式。這本書取材自我的親身經歷，目的在闡明中國學術界與中國政治制度的關係，但為什麼我在書中頻頻交代那裡出了差錯、檢討錯在那裡？讀者也可能因此納悶：難道我有政治目的？這點，我必須在本章一五一十地說清楚。最後，我以簡短摘要本書內容的方式結束導言。

儒學捲土重來

儒家思想是孔子（生卒年約公元前 551-479 年）宣講的倫理傳統。孔子認為，他所處的時代，讓他不得不為了復興一種古老傳統奔走。他的出生地在今天山東省曲阜市附近（曲阜行政區大約有六十五萬居民，其中近五分之一的人姓孔，其祖先並可上溯至孔子）。當時中國尚未統一，孔子周遊列國，企圖說服統治者必須以德治國。他的政治抱負落空後，退而以教書為業安身立命。《論語》即是孔門弟子將老師的思想和格言彙編成書，流傳後世的成果。書中經常透過孔子與學生的對話，呈現孔子睿智、富有同情心、謙遜、甚至幽默的一面。他最有影響力的追隨者孟子（約公元前 372-289 年）和荀子（約公元前 310-235 年）的仕途也不怎麼顯赫；兩人最後也在（今天的）山東省以教書為業。

儒家思想在短命的秦朝（公元前 221-206 年）遭到自詡為中國第一位皇帝秦始皇鎮壓。在漢朝（公元前 206 年 – 公元 220年），孔子思想得到官方認可，並進一步發展為「儒家」的思想體系（儒家思想的英文是 Confucianism，但這個西方發明的字的字面義〔孔子思想〕會讓人產生誤解。舉例來說，我們說耶穌基督創建了基督信仰，但是，孔子並不像耶穌基督一樣，創建了儒家思想）。在 1911 年中國帝制崩潰前，儒家思想在帝國史大多數時候，都是政治意識形態的主流。儒家傳統非常多元，並且不斷吸

收道家、法家和佛教,乃至晚近自由主義、民主和女性主義的見解,變得更為豐富。但它有一些不變的核心承諾。儒家傳統的基礎假設是,擁有美好人生的重點是如何維繫由家庭為起點向外延伸的所有社會關係的和諧。要達成這個目標,必須不斷學習、重禮與向他人請教以提升自我(這並不容易。孔子説他在七十歲,大約相當於現在的一百零五歲,才能做到「從心所欲不踰矩」〔《論語・為政第二》,第 4 章〕),是個永無止境的追求過程。最美好的人生是靠智慧和仁去服務政治群體。而實踐這種人生的典型方式,是努力取得入仕的機會。只有少數模範人士(即君子)能擁有這種人生,因為多數人都俗務纏身。理想的政治群體是統一的國家。國家統治者是否能繼位,要看他是否賢能,而非血緣。官員施政也應著眼於藉公平分配土地和低税賦等方法,提供人民基本的物質福祉,並且(接著)提高人民的道德水平。官員治理應該避免擾民:通過教化並「道之以德,齊之以禮」(《論語・為政第二》,第 3 章),懲處是不得已才動用的手段。這種思想對中國帝制史上官員的價值體系影響深遠。明清時期,學子必須參加嚴格的考試,以查察他們對儒家經典的知識後,才有資格任官(皇帝並非經由考試選出,但是經常接受儒家經典教育)。但是,一旦官員上任,發現政治現實經常阻礙人道治理的理想時,他們通常轉而依賴「法家」主張,即為了國家強大而非造福人民,應該嚴刑峻法。[6]

　　帝制終結似乎是儒家傳統告終的訊號。許多知識分子和政治改革者,無論政治立場為何,都將中國的「落後」歸咎於傳統(少數學者不作此説,「最後的儒者」梁漱溟就是一例)。[7] 從 1919 年 5 月 4 日的五四運動開始,佔主導地位的傳統是反傳統主義。中國共產黨 1949 年的勝利,似乎給了儒家思想最後一擊:他們鼓勵中國人民展望一個燦爛的新共產主義未來,而不是回頭看護如儒家思想等「封建」傳統。文化大革命時,這種反傳統主義以最

極端的形式出現。當時紅衛兵受到鼓動去剷除所有的「舊社會殘餘」，包括洗劫曲阜的孔子墓。

　　今天，反傳統主義者似乎站在歷史錯誤的一邊。中國知識分子通常認為自己是以儒家思想為核心、具有長遠歷史的文化的一分子。若干在中國產生影響的馬克思－列寧主義的重點，例如扶貧優先，以及需要由政治上已經覺醒的「先鋒」領導，過渡到一種道德優越的社會組織形式，與舊儒家的思想——即主張必須選拔才德兼備、能夠為人民謀求物質以及道德規範等福祉的政府官員——產生了共鳴。至於中國的共產主義實驗留下了些什麼給後代子孫？這個問題可以這麼看：共產主義並沒有取代舊傳統，相反地，它是一種以舊傳統為基礎的努力。因此，中共朝著儒家思想靠攏、只差沒有正式擁抱它，也就不足為奇了。中共各級黨校都在教授儒家經典，也開始修改中小學課程，納入更多儒家思想教材，各種講話和政策文件中提及儒家價值觀的次數愈來愈頻繁。2008年北京夏季奧林匹克運動會開幕式由中共中央政治局審核通過，似乎為黨的儒家化打上了官方認可的印記：馬克思和毛澤東走了，孔子的臉孔代表中國出現在世界面前。在國外，中國政府一直通過各地的孔子學院推廣儒家思想。孔子學院是中國的語言和文化中心，類似法國的「法國文化學院」和德國的「歌德學院」。孔子學院在一些西方國家備受爭議，但它在世界其他地方常常受到歡迎；孔子學院並贊助各種討論儒家思想的工作坊，例如2010年8月開辦的工作坊，討論儒家主張的相對自我觀和烏班圖語（Ubuntu）中關於自我的倫理觀，[8] 就是由南非羅茲大學的孔子學院支持。

　　但是，儒學復甦不僅只有政府支持。在中國，批判型知識分子重新燃起對儒學的興趣。中國大陸最有影響力的儒家政治理論學者蔣慶，在文化大革命時為了批判儒家，第一次接觸儒家經典。然而，他讀得愈多，就愈覺得儒家思想並不像宣傳的那麼糟

糕。他當時對儒學的好奇與探索為世道所阻。今天，他在偏遠的貴州省開辦了一所獨立的儒學書院，並倡議成立一個對政策擁有否決權的儒家學者組成的政治機構，以及從孔門後裔中選出象徵性君主。[9] 他的諸多著作雖然毫不意外地在中國成為禁書，但並未阻止受儒家傳統啟發的學術研究爆發，導致一種學者從美國回流中國的人才反向流失現象。在西方，鼓吹儒家思想最有影響力的學者杜維明從哈佛大學退休，到北京大學主持高等人文研究院。幾年後，著名的儒家經典詮釋和翻譯專家安樂哲（Roger T. Ames）踵繼其後，他從夏威夷大學退休，赴北大擔任哲學系人文講席教授。年輕的儒家政治理論學者白彤東放棄一所美國大學的終身教職，獲遴選成為「東方學者」應聘至復旦大學哲學系擔任教授。[10] 跨文化心理學家彭凱平，曾經進行嚴格實驗，證明中國人比美國人更能夠運用儒家式顧及整體和辯證的方式解決問題，[11] 他出任清華大學社會科學學院院長前，已經獲得加州大學柏克萊分校的終身教職。儘管審查制度愈來愈嚴格，這些學者仍然受到中國大陸儒家傳統啟發以及充滿活力的學術辯論吸引。山東大學王學典[12] 主編的《文史哲》和《孔子研究》等期刊以及《儒家網》等網站，為傳播儒家學術著作提供了優質管道。學術儒學在二十世紀轉移到香港、台灣和美國。今天，它的中心再次轉移，回到中國大陸。

　　這些政治和學術發展也獲得經濟因素的支持。中國是一個經濟超級大國，經濟實力帶來文化自豪感（更不用說人文學科的資金增加和學術界的薪資更高）。馬克・韋伯（Max Weber）關於儒家思想不利經濟發展的論點，因為具有儒家傳統的東亞國家在經濟上成功而受到廣泛質疑。儒家與伊斯蘭教、印度教和佛教不同，儒家追隨者從未以有組織的行動抵制經濟現代化。恰恰相反：入世的觀點（生活方式）、重視教育和關心後代等價值觀結合，可能可以促進經濟成長。但現代性也有不利的一面：它常常

導向原子論（atomism）和心理焦慮。隨著社會地位和物質資源的競爭愈演愈烈，社會責任感下降、也愈來愈不重視他人感受，社群主義的生活方式和文明崩潰了。甚至連已經登上頂峰的人也在問：「下一步該怎麼辦？」他們意識到，賺錢並不一定會帶來幸福。它只是實現美好人生的手段之一，但美好人生到底是什麼？僅僅是為了自己的利益而拼搏嗎？大多數人、至少大多數中國人，不想被看成是個人主義者。只關注個人福祉或個人快樂的想法似乎過於以自我為中心。為了讓自己的人生美好，我們還需要對他人好。這就是儒家思想可以派上用場的地方：儒家傳統強調，能否擁有美好人生，繫於所有的社會關係是否和諧，以及維持對家庭的承諾，並向外擴展。就中國來說，很明顯，儒家倫理是幫忙填補經常隨現代化一起出現的道德真空的資源。[13]

　　簡而言之，這種政治、學術、經濟和心理趨勢的結合，有助於解釋儒學在中國復甦的原因。但我不想誇大。儒家復甦的腳步最近似乎停滯了。除了老幹部們仍然受到毛主義對傳統反感的影響，還繼續譴責在僵化的馬克思主義框架外推廣價值體系的作為，我們還會在第七章看到，馬克思主義傳統也出乎意料地捲土重來，而且，這次力道非常強勁。共產主義的理想愈來愈能左右處理政治事務輕緩急的次序和影響學術圈的辯論方向。在意識形態光譜的另一邊，中國的自由派學者經常懷疑，現在還替那些受儒家啟發的社會等級制度和賢能政治辯護，意義何在？他們將中國在家庭和政治方面的威權主義傾向歸咎於儒家思想，更不用說儒家思想在中國的藏族和維吾爾族等少數民族中還沒有實質影響。所以，將中國文化等同於儒家思想是犯了大錯。

　　儘管如此，在日常生活社會實踐、自我認同以及政治支持三方面，儒家思想在其發源地山東省的影響最鉅。該省的車牌以「魯」字開頭，孔子就是魯國人，在這裡出生、教學和去世。[14]山東航空的飛機座位上方印著從《論語》摘出來的引句。[15]山東鄉

下的村領導開課教導小朋友儒家經典。[16]社會學家孫笑冬（Anna Sun）主張，現代中國推崇儒學始於 2004 年 9 月在曲阜慶祝孔子誕辰二千五百五十五週年期間。[17]在中國帝制時代，每年在曲阜孔廟紀念孔子的各種儀式，都是由政府官員承辦，但清朝於 1911 年滅亡後，那些儀式也就停止了。2004 年 9 月，中華人民共和國建政以來，第一次由國家正式接管祭孔工作，政府代表主持儀式的畫面在國家電視台頻道播出。2013 年 11 月 26 日，國家主席習近平親自考察曲阜並發表講話，讚揚儒家文化，批評文化大革命造成的破壞。他拜訪了孔子研究院，並從院方陳列的研究成果中，拿起兩本由研究院院長主編、關於孔子語錄的書，他翻閱後還說他要「仔細看看」。2016 年，「山東濟寧政德教育幹部學院」成立，開辦各種以全國中階幹部為培訓對象的儒家經典教育班。所以，話說回來，山東大學聘請了一位既非中國人、也不是黨員的某人擔任政治學和公共管理學院院長，多半是基於這位某人的學術著作多半是討論儒家思想對當代社會與政治的意涵，又有什麼好大驚小怪的呢？但讀者可能想知道，我怎麼會走上研究儒家思想這條路？

從社群主義到儒家

像早期儒家一樣，專職教師是我的第二選擇。小時候，我的夢想是加入蒙特婁的「加拿大人」隊，成為一位職業冰上曲棍球員。但是冰球界競爭太激烈，所以我改去牛津大學學習政治理論。我有猶太人血統、也有天主教的背景；我當時對中國沒有興趣，在牛津也不是學習中國哲學。那為什麼我去了中國？需要回答這種問題的可不止我一個人。住在中國的外國人最常聽到的問題就是「你為什麼來中國？」就我而言，我會用開玩笑的方式回答：你想要聽我說一番大道理，還是想知道真正的原因？當然，

人都想聽到真正的原因。我來中國的故事是這樣的：在牛津，我和一位從中國來的研究生結婚，接著，我學了中文，也迷上了中國文化。但是，我們在 2020 年離婚後，我聽到這個問題時，就會講點大道理。我是這麼說的：我在牛津大學的博士論文要旨，是呈現並辯護當代「西方的」社群主義理論，以對抗自由主義對該理論的批評。社群主義認為，人的認同在很大程度上是以不同要件構成的社群（constitutive communities）（或社會關係）塑造的，這個關於人性形成的觀念也應該是我們的道德和政治判斷以及政策和制度形成的基礎。獅子與老虎同為貓科動物，但群居的獅子比多數時候獨來獨往的老虎更覺得高人一等；人也一樣。一個人終其一生，大部分時間都在不同的社會群體中過日子，這些社群塑造、也應該塑造我們的各種道德和政治判斷，我們因而強烈地感覺，支持和滋養那些提供我們生命意義的特定社群是我們必須履行的義務，否則我們會迷失方向，深陷孤獨，無力理解道德和政治判斷的思辨依據。[18]

　　我畢業後搬到新加坡，從事我的第一份學術工作。我的同事們喜歡爭論「亞洲價值」（Asian values）。雖然我不相信這麼一個模糊術語有什麼用，但我聽聞辯論集中在儒家主張的價值時，我的興趣就來了。我從同事的討論中，瞭解儒家思想與社群主義關注一些相同的主題，例如相對自我的觀念、又如強調文化和歷史對道德與政治思辨的重要。但是，我也逐漸認識到儒家思想與社群主義相異之處。前者有數千年的歷史，以及更深刻、更豐富的傳統；而社群主義是自由主義非常晚近才出現的分支。此外，儒家傳統中的一些主題如孝道、重禮、和而不同（diversity in harmony）和賢能政治（political meritocracy），並沒有在社群主義的思辨中出現，這點值得進行學術探究。於是我把研究興趣轉向了儒家思想。隨著儒家傳統在中國復甦，移居中國對於我瞭解這些辯論是有意義的。最終，我來到了儒家文化的發源地山東省。

住在中國的外國人常聽到的問題中，排名第二的是「你打算什麼時候回家？」有一種假設認為，由於文化不同和所謂的「邪惡」的政治制度，我們不會永遠留在這裡，更不用說在更富裕、無污染、人口較少的西方國家過日子，通常會覺得更舒服。但我已經很久沒聽到有人問我這個問題了。一個可能會成真的假設是，我會永遠留在這裡，或者更準確地說，我會待在這裡直到老死。我的朋友都知道，第一個原因是我最近娶了一位精通中國文化的年輕學者，她打算在中國學術界發展自己的職業生涯。第二個原因是我成了中國政治制度裡面的一個小官：2017 年 1 月起，我擔任山東大學政治學與公共管理學院院長。因為這種性質的工作不可能交給學術旅客，另一個心照不宣的前提是，我有生之年都會留在我的第二故鄉。我獲得了一張很不容易取得的中國「綠卡」（永久居留證），讓我享有永久居留中國的權利，我在新冠肺炎危機期間一直待在這裡。有朝一日，我可能會努力實現的下一步，是申請成為中國公民。

別有所圖？

就算我不是共產黨員，我畢竟是替中國政府做事。那麼，這是否代表我不會批評這個國家，或者我已經大言不慚地在替這個國家的政治制度辯護？請容許我回應這一點。我確實有我的盤算，我也應該清楚說明我的規範性承諾（normative commitment）是什麼。我擔心中國，尤其是它的政治制度，遭到妖魔化。我認為許多西方國家的觀點和政策，都懷有對中國政治制度的粗淺成見，例如：中共全面控制了知識對話，因此，中國沒有獨立思考的空間。但現實其實複雜得多。我希望我的書能傳達這一點。

我當然不想否認，妖魔化中國的風潮愈演愈烈，與過去十年左右的中國政治發展讓人憂心有關。我過去在一些文章中主張，

中國的政治制度受儒家價值的啟發最大，加上社會和政治異議更受包容，因此，中國的制度一定會朝向更人性的方向發展。現在想想，這些主張委實過於天真。它們可能在未來某一天成真，但現在看起來，還得等很久。孔子的政治理想要到五個世紀以後才在漢朝（部分）實現。此外，法家傳統及其現代化身列寧主義為了滿足它們的類極權主義慾望——即依靠恐懼和嚴刑峻法全面控制社會——經常左右政治領導人的決定。這種情形在社會發生危機期間尤其明顯。

不過，我認為必須反制妖魔化中共的趨勢。首先，妖魔化會強化中國的高壓統治，從中得利的是中國政治體制裡面那些主張安全至上的強硬派。[19]當中國領導人覺得，那個全世界最強大的國家的政治事務建制派似乎有志一同地和他們作對，他們就不會推動民主實驗，避免嚴重的政治風險。[20]中國領導人可能有點偏執，但其來有自。[21]因此，雙方都陷入了政治的惡性循環：美國及其西方盟友的態度愈來愈敵對、擺出不惜一戰的姿態，而中國則開始高壘深塹、並且壓制不同的政治聲音。其次，值得一問的是，過去幾年中國令人擔憂的政治發展是否真的威脅了西方？中國既無意、也無力輸出其政治制度；與當年揚言要發動核戰毀滅美國的前蘇聯相比，中國怎麼會是更大的生存威脅？中國從1979年迄今，沒有與任何人開戰，即使是中國軍方最強硬的聲音，也沒有以開戰威脅美國。[22]認為中國不會放棄在其領土周邊任何地點與美國開戰，是瘋子才有的想法（另一方面，中國被美國軍事基地包圍，中國決策者擔心美國及其盟友可能對中國發動戰爭的想法並不荒謬）。[23]美國在伊拉克和阿富汗的真正戰爭結束後，「中國威脅」取而代之，成為美國國防部爭取鉅額新預算的藉口。[24]

另一個同樣值得一問的問題是，如果中共像宣傳描述地那樣邪惡，為什麼國內支持度如此高。[25]憤世嫉俗的人會說，這是因

為中國人民被媒體宣傳和頌揚政府並扼殺批判思考的教育制度洗腦了。但這不僅不是全貌、甚至不是思考的主線。持類似看法的人，甚至包括成熟老練、對各種另類觀點瞭如指掌的中國知識分子，更不用說在疫情大流行前，每年有數十萬在美國的中國學生和一億三千萬中國出境遊客了。支持中國共產黨的主因，是中共主理了全球歷史上最令人驚嘆的經濟成長以及讓八億多人脫貧。在中共統治下，識字率提升、大學教育更普及，更不用提平均餘命延長，[26] 都是一項項驚人的成就。最近的發展只會持續強化對政治制度的支持。事實證明，反腐運動雖然不完美，對看慣了公職人員靠收賄和自肥致富，因而怒火中燒的一般公民來說，卻廣受歡迎。在武漢發生疫情災難後，中央政府在很大程度上控制了新冠疫情。儘管民眾因為高傳染力的奧米克戎（Omicron）變異株出現而懷疑舊方法，但中國人有兩年的相對自由，不像世界其他地方受到諸多限制。[27] 抗污染措施讓北京和其他城市出現藍天，人們因此更快樂。但我要再提醒一次，問題還有很多，未來情況也可能變得更糟，但為了對抗妖魔化中國政治制度，有必要更持平地描述中國共產黨。

　　值得記住的是，九千六百萬的中國共產黨黨員中，有數千萬與北京高層決策無關的農民、工人、企業家和知識分子。中共和其他大型組織一樣，其成員有好、有壞，但大多數介於兩者之間。我的經驗是，大多數中共黨員不僅聰明、工作勤奮，並真誠地致力改善中國人民的生活。我許多最要好的朋友都是中共黨員。在我看來，妖魔化中共顯然是荒謬的。我在中國一所大型大學擔任院長，大多數資深學者和行政人員都是為我們師生利益努力工作的中共黨員。我絕對不會用「邪惡」這個字形容我的朋友和同事。

　　所以，是的，我確實別有政治之所圖。我圖的是去妖魔化中國的政治制度。我希望讀者暫時將關於「這個」中國共產黨的

成見和判斷放在一邊。山東大學系統裡，大多數領導都是中共黨員，我這個在裡面工作的小官，看到的是一個極其複雜難解的組織，大部分成員是一群非常勤於任事的公職人員。他們的動機和觀點容或各不相同，但他們無時無刻都在討論如何解決此起彼落的小問題，一旦時間允許，就會為組織的長期利益出謀劃策。在這本書中，我將我的小官經歷放入那個更大的政治制度中，希望能闡明制度的優缺點。不可否認，我的樣本量很少，來源單一（只限於大學），但接觸時間相當長。我的工作是解釋一個非常重要又非常難以理解的世界。我盡可能實話實說。除了成功，我也記錄失敗。我坦率地（希望不是魯莽）分享經驗；評人以寬、批己以嚴。我筆下的故事有一個共同點：它們都是從人性化的角度描述中國的政治制度，展示制度底層的辦事方式，絕不遮醜。[28]我批評中國共產黨，也看到可據以發展的積極面。我不贊成一股腦推翻這個制度。

呈現形式

　　這本書取材自我的親身經歷，目的在闡明中國學術界及其政治制度的關係，但為什麼我在書中頻頻交代哪裡出了差錯、檢討錯在哪裡？我的學術藉口是，我嘗試過以其他形式寫書：我的前兩本書採用對話形式，然後我寫了幾本傳統的學術書籍、繼而是一本短文集、接著是一本（與 Avner de-Shalit 合著）結合我在不同城市的生活經驗與思考城市發展理論的混合文體著作，接著，是更多以標準學術格式書寫的作品（其中一本與汪沛合著）。因此，我需要新的智力挑戰。事實是，我的需求是猶太人的罪感（guilt）、天主教的原罪（sin）（四年）和儒家的恥（shame）的混合體，要從這些爛攤子中理出來龍去脈，我得接受多年心理治療才行。即使如此，花點時間談談兩種懺悔體文類的差別何在是值得

的。第一種是從新發現的道德真理的角度揭露錯誤的懺悔。奧古斯丁（Aurelius Augustine）的《懺悔錄》（Confessions）即依據這個脈絡寫就（他發現了上帝），中國末代皇帝溥儀的自傳《從皇帝到公民》也是如此（他發現了共產主義）。[29] 第二種懺悔是為了真理而承認錯誤，並且遺憾並沒有因為生活比較簡單、慾望比較少、企圖心比較小，就比較少犯錯。這種懺悔講的不是道德進步的故事，倒可能是道德倒退的故事。盧梭（Jean-Jacques Rousseau）的《懺悔錄》（The Confessions）是第二種懺悔文類的第一本作品、而且到現在還是該文類最好的作品。我的書屬於上述第二種懺悔文。我嘗試跟隨盧梭自嘲的語氣，但沒有自憐。另一個不同是，我的書不是回憶錄：我尋求的不是自我理解的真理，而是理解中國的真理。我只在我自己的經驗能夠闡明當代中國社會和政治生活及其矛盾、多樣性和魅力時，才引用這些個人經驗。我在書中的懺悔式告白，不是為了我自己博取理解和同情，而是為了我在這趟不幸旅程中遇到的其他人。

本書各章摘要

這是一本小書，我建議最好依照先後順序並且一口氣看完。它的文字幾乎沒有雕琢，但我會盡力讓它有知識價值。至於忙得不可開交的讀者，可以靠下面的摘要幫忙，選擇比較感興趣的部分閱讀。

1. **染髮劑與活力**。我解釋為什麼髮色對中國政治制度裡的公職人員，從北京的最高領導人到偏遠省份的大學行政人員，都非常重要。這種說法聽起來很愚蠢，其實並非如此。

2. **和諧書記。**我討論黨委書記在大學系統中的功能。雖然我不怎麼欣賞他們監督意識形態的工作，但我很欽佩他們為維護和促進大學裡面的社會和諧所做的努力。

3. **關於集體領導。**我評估了集體領導在當代中國政治中的優缺點，並解釋山東大學的類似機制在學院層級如何運作。

4. **腐敗有什麼問題？**我講述了我在現代中國最系統性的反腐敗運動初期遭到波及的經驗。我的看法也許違反直覺，但我支持對潛在的腐敗行為多一點容忍。

5. **「唯酒無量」。**我討論了山東的飲酒文化以及它如何影響我的院長工作。在師生共餐的場合，幾乎總是以敬不完的酒帶動氣氛，但很少有人酒後駕車；我在這篇文章根據我自己的不愉快經歷解釋了原因。

6. **在中國傳授儒家思想。**我描述了用英語向外國學生和用中文向中國學生教授儒家思想的挑戰，以及需要超越靠讀書學習的不同策略。

7. **共產主義捲土重來。**我在 2008 年宣告馬克思主義在中國已死。我訝異的是，它戲劇性地捲土重來，我也描述了它對大學生活的影響。我認為，中國政治的未來很可能由儒家思想和共產主義共同塑造。

8. **審查：正式與非正式。**我討論了我接受中國審查制度的經驗。國家出重手限制在中國可以發表的內容，這點毫不奇怪，但我試著說明，西方的非正式限制也桎梏了主流媒體能夠發表關於中國政治的方向。

9. **具有中國特色的學術考評制度。**儘管審查制度和政治限制愈形緊縮，但中國各大學提高學術水準的競爭依舊激烈。我描述了我們學院的教師如何被動員以及一些意想不到的後果，形同懲罰英語寫作不夠好的中國學者。

10. **可愛的批判**。我討論了中國可愛文化的政治意義。「賣萌」會在政治上造成災難性的後果,這有助於解釋我當這個小官多方失敗的原因。

11. **論象徵性領導**。我用自己在任職院長後期,擔任象徵性領導者的經驗,論證象徵性君主制適合現代社會。

第一章

染髮劑與活力

中國前國家主席胡錦濤也許是現代最乏味的領導人。他只有一筆說笑話紀錄可考。2007 年他訪問美國時，當時的紐澤西州州長詹姆斯・麥克格里維（James McGreevey）對頭髮烏黑的胡錦濤說，他看起來不像是五十九歲的人。胡回答說：「中國很樂意分享我們在這一個領域的技術。」[1] 在中國，政治領導人使用染髮劑的歷史悠久。為什麼中國領導人要染黑頭髮？原因與共產主義意識形態完全無關；其源起可以追溯自中國久遠的歷史。東晉時期（公元 317–420 年）的名醫葛洪留下宮中染黑頭髮的秘方。[2] 即使在今天，染黑頭髮也不是件容易的事：一位專業理髮師估計，中國政治人物大約每十天就需要潤黑他們的髮根，以維持髮色烏黑。[3] 為什麼政治人物要費事染髮？基本的想法是，領導人的黑頭髮可以展現他們不僅熱情，而且活力十足的形象，傳達了他們時時為人民利益努力工作的訊息。

相反的，如孟子在公元前四世紀所說的，「白髮人」理應受到照顧，不應從事繁重的工作（《孟子・梁惠王上》：「頒白者不負戴於道路矣。」）。在中文語境中，被「白髮人」領導統治是件奇怪的事。髮型設計師洪海亭指出，「我不想看到我們的領導人頭

髮花白，看起來老態龍鍾……好像快死的樣子！一個人變成這個樣子，怎麼還能領導我們的國家？這是政治問題，不是生活方式的問題。」[4] 白髮是政治人物已經不在政治圈的標記，不論他是被迫脫離或自願離開。前中共中央政治局常委周永康屬於前者。他後來在反腐運動中被判無期徒刑。他出庭應訊時，一頭黑髮已經全白了。前總理朱鎔基屬於後者。他退休後頭髮已經自然變白了。[5] 前國家主席江澤民九十多歲出席公開場合時依然染髮，意在顯示他退而不休，還在行使一些權力。

　　當然，還有更多時代因素影響從政人士的髮色。中國的集體領導制度發展成形，是毛澤東的獨斷、專制統治在文化大革命達到最高峰這段駭人過程結束後的事。集體領導不突出個人。政策應該是政治局常委集體商議的產物，個別領導人不應該過度張揚。胡錦濤堪稱這方面的大師：一頭黑髮的胡錦濤與其他也將頭髮染成一式黑髮的領導人一起現身時，的確傳達了他與其他（八名）常委平起平坐的信息。

　　然而，胡錦濤主理下的集體領導制度有一個重大缺陷。每位最高領導人都是平等的，各負責一個政策領域，每位領導人也有權實質否決影響自己負責的領域利益的決策，因此，想移開那些阻擋必要改革的既得利益是不可能的。[6] 例如，打擊腐敗必然會樹敵，而胡錦濤和政治局常委其他成員都沒有權力（或可能是沒有勇氣）這麼做。2012 年習近平上任，常委會成員從九位減為七位，習近平負責新成立的各領導小組進行改革；六年後，中國人民代表大會批准修改憲法、取消國家主席任期限制，實質上容許習近平的執政時間超過限制江澤民和胡錦濤的兩個五年任期。正如政治學者王紹光所說，習近平因此成為同儕裡的佼佼者（first among equals）。這麼做的優點是，他有能力對付既得利益者：習近平展開了中共歷史上時間最長、最持久的反腐運動，並處理了阻礙環保和財富重分配的經濟利益。缺點是，對錯誤決策的制衡

可能較少，對言論自由的限制可能變多；而且看不到明確的接班人，或許會加深人們對政治制度是否能維持長期穩定的憂慮。

2019年，習近平打破了另一個長期存在的政治常規：他現身公共場合時，幾縷白髮明顯可見。[7]對中國媒體來說，這是個禁忌話題，但西方媒體臆測，習近平意在顯示，他的權力凌駕其他政治局常委。1960和1970年代在北京的政治菁英中成長的媒體名人洪晃評論說，傳統上領導人將他們的頭髮染黑，以「符合一種單一的樣板風格，顯示團結與一致……。但習近平的地位現在明顯在眾人之上，不需要這麼做了」。[8]習近平更「自然」的外表是否反映集體領導告終？[9]現在下結論還為時過早。我能夠預測的是，即使最終出現像俄羅斯總統普丁（Vladimir Putin，港譯普京）一樣的統治者，以完全不受約束的權力執政數十年，他也不會放任自己的頭髮完全花白。白髮者不應該治理國政的信念，也許是中國的不成文憲法中不可違背的一條文。

影響中國政治最高層的政治常規，通常會滲透到較低階層的官僚機構。我是山東大學一所大型學院的院長，我們有一千多名學生和八十多位教授；我們的決定需要得到一群領導批准，包括四位副院長和三位黨委書記。我們半開玩笑地形容，這也是一種集體領導制度。每位領導各有各的專業，所有決定都需要在兩週一次的會議上與其他領導溝通，經由廣泛討論、審察後取得准否之決。[10]在會議上，我們都帶著筆電認真做筆記，領導發言時尤其如此。[11]我們的穿著既不會太正式、也不太休閒，暗示我們既認真工作、同時與民眾走在一起。我們遵從染黑頭髮的常規，也就不足為奇了。已生華髮的人得將頭髮染黑，為的是呈現我們為大學服務的活力與熱情的形象。就我來說，因為我的皮膚是白色的，如果我把頭髮染成黑色，會顯得很奇怪；相反地，棕色看起來比較自然，所以我把頭髮染成棕色。

笨蛋，問題在頭髮

　　但我得承認，我開始染髮的時間更早。染髮的源頭要從我卅九歲那年說起。當時我住在香港，在香港城市大學任教。大學校長對來訪的客人介紹我的時候，總不忘說我四十多歲。我的羽毛球搭檔、一位非常壯碩的研究生，說我看起來像一位傑出教授。我覺得這種說法是客套話，意指我是個「老教授」。我之所以有這種想法，是因為我的頭髮在短期間內很快變白（或許他在婉轉勸我放棄在這兒打球，把位置讓給下一個人）。我不太高興，但我明白我必須面對自己看起來比實際年齡大的事實。我的父親和祖父在他們卅多歲時頭髮就已經花白，而我延續了家族傳統。

　　我當時的中國岳母和我的想法不同。她和我們一起生活了大約十年，我非常愛她（現在仍然愛她）。我的中國朋友誇我孝順，其實，是她在照顧我們。在我們的兒子朱利安（Julien）出生時，也就是我們最需要幫忙的時候，她做飯兼灑掃，從沒有一句怨言。她曾參與朝鮮戰爭，在戰地認識並嫁給她的丈夫、一位人民解放軍的軍人，並且習於勞苦。但她並不盲目追隨黨的教條。她回憶說，一些在 1950 年代初期被處決的地主，其實是會關心佃戶的好人。她有一種狡獪的幽默感；當她那位死忠支持黨的丈夫盲目捍衛黨的領導時，我們有時候會相視而笑。她與西方刻板印象中的岳母不同，並沒有將她苛刻的標準強加在我身上，或讓我因為沒有達到這些標準而內疚。她知道我來自不同的文化，並容忍不同的家庭生活方式。唯一的例外是：她受不了我的白頭髮。我是她第一個能夠近距離觀察的外國人，她認為我是西方美的典範（如果某一位好萊塢〔Hollywood，港譯荷里活〕影星偏離了她根據我設定的美的標準，她就會出言批評；我承認，我從來沒有糾正她）。所以當我的頭髮開始灰白時，我的岳母非常失望，並

逼我染髮。我告訴她，男性學者不染頭髮，但是她不理會。她說，就算在文化大革命的時候，我們，不論男女，都染頭髮！

她嘮叨了兩、三年後，我屈服了。2003 至 2004 年，我獲得史丹福大學「行為科學高等研究中心」為期一年的研究獎助。我認為這是個大好機會，既能讓我以新面貌開啟新生活，也不至於在同事和學生面前感到尷尬。我出發前往加州前一天，在岳母監督下，由我們的菲律賓籍幫傭把我的頭髮染成棕色。因為我無法預測萬一門房認出我的反應，所以有點擔心，決定戴著棒球帽出門，離開大學宿舍。在飛機上，幾杯酒下肚後，我終於放鬆。我在廁所裡仔細照了照鏡子，坦白承認對結果很滿意。我成了年輕人，而且沒有人知道！12

當然，過沒多久，衰老的過程就又開始了。幾週後，我的太陽穴和鬢腳開始出現幾縷白髮，我的心情因而受到影響。我的家人一直留在香港，所以我在休假時飛回香港。我的岳母看到我的樣子大感不滿，所以我又染了一次頭髮，這次顏色比較淺。我回到帕拉·奧圖後，13 以為同事們沒有注意到我的變化，但是伊蓮·史蓋芮（Elaine Scarry）說她喜歡我的新髮色。史蓋芮的書《論美與公平》（*On Beauty and Being Just*），也許是當代英語世界寫得最美的政治理論著作。她在書中主張，在乎美醜與否是人類在乎公平與否的動力。14 因此，我將她讚美我的新髮色，視為向進步道德觀致敬的某種暗喻。不僅如此，我愈想愈覺得，女性可以染髮而男性不能染髮，似乎不公平。女人在家父長制時代，15 被看成是為了男人要取樂而生的性對象。染髮出現性別差異，肯定是那種制度的遺風。這個說法完全正確嗎？如果男人染髮，是打破家父長制常規的一種方式，那麼，外貌不應該只能是廣大受壓迫女性的特權，而應該也是品評我們男人的一個依據！貶低男性是提升女性地位的一種方式。當男人被視為與女人一樣虛榮的那一

天，男人比較理性的刻板印象就會因此破裂，兩性在其他的社會生活領域，就可以平起平坐。[16]

這個以男人染髮為例來替女權主義撐腰的論證，其實是我的私藏；雖然從未對人言及，我一直認為，這觀點是挺不錯的。幾週後，現實再度現身。這一次，我為了確定不會遇到任何認識的人，涉險到距離帕拉・奧圖約二十哩的聖荷西找一位髮型師。髮型師問我是不是從政人士（也許我的髮型讓他想起前美國總統雷根〔Ronald Reagan，港譯列根〕的髮型）。我回答說，還不是，但也許以後是。我在史丹福大學的研究獎助到期後，全家搬到北京，在那裡開始了新生活。當我注意到中國大陸有這麼多男人（包括學者）染髮時，我鬆了一口氣。[17] 我已經很久沒有體會這種回到家的自在感了。

不一樣的人生？

盧梭《懺悔錄》開場的精句是：「我已決心展開一項前無古人、後無來者的艱鉅工作。我要毫無保留地揭露一個人在每一個層面的真實面目。這個人就是我。」[18] 二百五十多年後，《懺悔錄》仍然是同一文類中最突出的原創著作。但讀者可以察覺，這是一本盧梭寧可不寫的書，也是一本讀來會心痛的書，因為裡面包含了他無情的自我鞭笞，以及對利用他的成功並使他的生活陷於悲慘的那些真實和想像的敵人的怨恨。他在第一卷最後一章的結尾寫道，他是一名優秀的工匠，本可以過著不同的、更幸福的生活。這段文字值得完整引述：

> 在我還沒有放棄自己、聽天由命之前，先讓我想想，如果我跟隨的是位比較好的師傅，一般來說，我的前途會如何發展？良工巧匠的生活既平靜又低調，似乎沒有什

麼比這種生活更適合我的個性，也更能讓我快樂；在日內瓦以雕刻這種高級行業為生，尤其如此。這份工作利潤頗高、足以讓我致富，但也會在我的生命走到盡頭之前，一直框限我的雄心壯志；留給我的，只有充分的閒暇，可以培養一些簡單的品味。這份工作讓我待在我的小天地，而且不給我任何逃脫的工具……。我本應該在我自己的國家、在我的家人和朋友之間，在我的信仰保護下，過著平靜祥和的生活。我的獨特個性需要一生都住在一個合我心意的社會、致力追求一個我選擇的行業。我本來應該是一個好基督徒、一個好公民、一個好父親、一個好朋友、一個好職人、和一個各方面都好的人。我本該在原本的處境中愉快地過日子，也許還可以受到尊重。那麼，我過完這種既簡單又不顯眼、既平淡又沒有起伏的一生時，本該安詳地死在家人的懷抱裡。接著，毫無疑問地，我應該很快地就會被遺忘；但至少在還有人惦記著我的時候，我應該會被哀悼。

但是，取而代之的是……勾勒的竟然是現在這種人生！但是，我不要談論我的生活會過得多麼苦難悲慘。關於這個憂鬱的話題，我有太多的話無法對讀者盡說。[19]

至於我：我的手從來就不是很巧，所以我不可能成為優秀的工匠，但是，盧梭的遺憾，我能夠感同身受。我本該一直做個默默無聞、穩穩當當過日子的學者。但我染了髮，為的是餵養我在中國擔任某種政治角色的慾望。如果我不在意一頭（不是那麼茂密的）白髮，我就不會獲得那個山東省的小官職、不會對政治失望，更不會寫這本書。

第二章

和諧書記

我在中國遇到公職人員時，經常有人問我，為什麼我們在西方的形象這麼差？他們說：我們當然有很多問題。就拿人均 GDP 來說吧，我們仍然是個相對貧窮的國家。貧富差距很大、污染很嚴重、腐敗依然是沉痾，香港和新疆的不安，大家也都知道。也許我們有時反應過度，地方官員經常濫用職權，但我們取得了一些進展，特別是在扶貧和反腐敗方面。在武漢最初的崩潰之後（直到上海的崩潰），我們在處理新冠疫情方面做得很好。與其他大國不同，我們從 1979 年以後就沒有發生過戰爭。我們知道，我們需要和平才能發展成為人道的國家。為什麼西方看不到故事的兩面？我們怎麼會是西方的生存威脅？他們有自己的歷史、文化和政治制度，我們沒有意願、也沒有能力挑戰他們的生活方式。他們為什麼不能放過我們，讓我們和平發展，共同應對流行病、氣候變化等全球挑戰呢？

如果有時間，我會嘗試解釋「我們」中國人需要在縮小言行差距這件事上做得更好。我們應該更倚靠人道的軟實力、而不是高壓和恐懼去達成目的。我也要解釋，西方有一種可以追溯到基督信仰發軔時就出現的強烈傳教衝動，輸出道德和政治「真理」

到國外。時至今日，民主激進主義已經取代了宗教激進主義。西方人多半認為，「好的」民主國家是以一人一票的形式，選出政治領導人的選舉式民主，除此之外，都是缺乏政治正當性的「威權」國家。正如美國總統拜登（Joseph R. Biden, Jr.）所說，政治制度有兩種：一種是有價值觀的民主制度，另一種是「缺乏價值觀」的威權制度。[1]

這種政治教條主義是相對較晚近、二戰後出現的現象，並且拜美國的權力影響範圍遍及全球而得到強化。在十九世紀，自由主義者如約翰‧密勒（John Stuart Mill）等人可能會質疑一人一票的價值，繼而提出替代方案，例如，受過教育的公民可以一人多票。但今天，這種觀點被視為逾越了道德界線。選舉式民主是「歷史的終結」，為中國政治發展樹立了規範標準（normative standard）。一旦中國經濟現代化，它就應該像日本和韓國一樣，成為西方式的自由民主國家。但現在，西方對中國的這個期待已經消失。他們看到同一個政黨執政七十多年的事實，就認為中國沒有進行政治改革。我們——在中國的我們——明白這很荒謬。這裡的制度與朝鮮由家族控制的個人崇拜、緬甸和埃及的軍事獨裁或沙烏地阿拉伯和汶萊的君主專制完全不同。我們也都知道，主要區別在於，長久以來，中國一直在努力重建一個受到賢能政治理想啟發的複雜官僚體系，也就是一種選擇與提拔才德兼備的公職人員的政治體系。這是一直在進行的工程，而且理想和現實間的差距很大，有時候甚至會進兩步、退一步（或退兩步、進一步），但這正是我們的政治制度與眾不同的地方。

不幸的是，西方並不這樣看事情，因為他們認為只有採用選舉式民主才算是「真正的」政治改革；其餘都是假的。更糟糕的是，如果中國的政治模式最後證實是成功的，也就是說，如果這個制度更滿足其公民的需求，並讓其他發展中國家印象深刻，西方就會開始擔心，就算他們的民主政治模式不內爆，也會倒退。

當西方想到除了選舉式民主，還有哪些其他的政治制度時，他們會想到法西斯主義（儘管希特勒〔Adolf Hitler，港譯希特拉〕是經由選舉獲得權力）和史達林（Joseph Stalin，港譯史太林）的共產主義。他們認為中國的政治制度與這些邪惡的極權主義政權有根本的相似之處；因此，它需要被擊敗，而且，必要時可以靠戰爭擊敗它。這就是為什麼有一些人說中國是西方面對的生死存亡挑戰。

　　我通常不願意花時間聽這類關於為什麼西方與中國相處不睦的說教，所以，我換個方式，從翻譯遭遇的問題開始。中國的主要政治觀念經常以誤譯的英文表達，導致它的形象出問題。如果翻譯不當，在中文中聽起來是正面的字詞，在英文中可能帶著負面意義。一個明顯的例子是「和」這個中文字，通常會（誤）譯為「harmony」。「和」是儒家倫理的關鍵觀念。2008年北京奧運會開幕式上強調「和」是代表中國文化的核心品格。我記得我在美國的電視頻道上看開幕式表演時，一位播報員看到參加開幕式的軍人表現非常訝異，並且用了「harmonious（和諧的）」這個字形容士兵們的紀律和秩序，因為，他們的動作看起來完全一致。但我當下知道，「harmony（和諧）」這個英文字（和它的詞性變化）會產生錯誤印象，因為這個字有「一致、劃一（uniformity）」和「從眾、符合相同規範（conformity）」的意思。一個和諧社會是每個人的行為和思想都一致的社會。但這幾乎與「和」的意思相反。每個中國知識分子都知道《論語》的名言，「君子和而不同」（即模範人士著重和諧，而非相同、劃一、從眾）。[2]

　　「和」與「同」的對比源自《左傳》。它是在討論統治者應否對顧問間的不同政治觀點持開放態度時出現的。當代社會評論家經常引用這句話，敦促政府容忍不同觀點，而不是簡單地將一種佔主導地位的國家意識形態強加給全體人民。試圖消除批評意見是災難的根源。換句話說，「和」的觀念重視（或稱頌）多樣性和多

元主義。和平的政治秩序應該尊重多樣性，藉著相互學習、「不同」才能交流並豐富彼此。因此，「和」譯為「和而不同」可能更好。重要的是，最起碼要解釋在中文裡面，「和諧」這個詞包含尊重多樣性，而不是重視相同或劃一。音樂的「和聲」觀念——即不同的音符相互作用的結果，比所有音符湊在一起各自發聲更美——更接近中國人的「和」要表達的意思。

　　或許更令人驚訝的是，負責在國內外提升政府形象的中國政治機關經常因為誤譯而搬磚砸腳。例如，中共中央宣傳部不僅負責審查，還是在海外推廣中國語言和文化的單位，如海外中國媒體和孔子學院等的主管機關。作為學者，我不喜歡他們審查我們在中國發表內容的方式；學者在公共領域可以發表哪些言論，由一個不瞭解學術論證裡各種錯綜複雜細節的人來決定是荒謬的。但我知道中宣部在傳達政府政策方面，在國內做了一些有價值的工作，例如：如何以有效的方式對抗大流行病。原則上，在國外推廣中國思想並沒有錯，這樣外國人就可以更瞭解（或重視）中國正在發生的事情。但中宣部卻因誤譯自己單位的名稱而傷害了它的使命。多年來，它的官方名稱是「Propaganda Department（宣傳部）」。這是個歐威爾式（Orwellian）的機關名稱，言外之意是，該單位的工作是粉飾太平、蒙蔽人民的眼睛。幾年前，宣傳部將官方英文名稱改為「Publicity Department」。但這個新名字幾乎沒有什麼進步。在英文語境中，私人企業可以透過宣傳活動銷售他們的產品，但政府理應更中立。既然如此，為什麼不使用更中性的字眼，例如「溝通」（Communication）或「公眾參與」（Public Engagement）呢？這些字眼不能保證政府訊息能有效傳播，但它開啟了成功的可能性。[3]

　　另一個例子是「統一戰線」。這個詞的官方正式翻譯是「United Front」。統一戰線絕非提倡堅持官方意識形態的立場，而是應該經由「中國人民政治協商會議」（CPPCC，簡稱政協）等機

構，為非共產主義政黨提供發言權和政治平台。民主聯盟等非共產主義政黨在政協內，慎重其事地思辨各種改善社會的提案。統一戰線還應該幫助國內外有華人血統的群體推廣中國文化和認同感：例如，它贊助香港學生參觀、瞭解山東省豐富多樣的中國文化。我任職的大學有統一戰線博士點，目的是教授學生中國的政治制度（包括非共產主義制度的元素），和加深他們的中國文化知識。他們畢業後，不論在國外或國內，都可以推廣中國文化，並且鼓勵與中國文化產生連結。但是，我們的學生對他們應該推廣的中國文化，不見得瞭解得夠多。再加上以冗長、乏味的宣講作為教學方式，結果往往適得其反。統戰部官員來徵求我的意見，我說，提高對中國文化興趣的最好辦法，就是讓學生學習中國春秋戰國時期盛行的「百家爭鳴」。許多關於社會和政治的精彩辯論，例如儒墨之爭、儒法之爭，都發生在（我們現在說的）山東省。稷下學宮舉辦了孟子、墨子、荀子和當時其他名人的演講和辯論，這些名人替後世的中國歷史設定了政治辯論的規矩。為什麼不重建稷下學宮，邀請當代學者進行演講和辯論，讓香港和其他地方的學生見證和參與這些辯論？[4]這當然是推動一場「以中國文化為傲」運動的好方法。那幾位統戰部的對話者說他們喜歡我的想法，但到現在仍不見實施。

　　但我在這兒要說的是關於（錯誤）翻譯的問題。「United Front」是「統一戰線」的直譯，但英文譯名並沒有正確表達統戰部的功能。「統戰」這個詞來自戰時：當時中國共產黨推動它與中國國民黨以結盟的方式建立統一戰線，共同對抗日本帝國主義。時至今日，聽到這個詞時，腦海中還會立刻浮現一連串的畫面：共產黨人與外部敵人進行殊死戰，同時秘密發展黨組織。難怪外國媒體報導統戰部的工作時，聽起來就像在介紹一個邪惡單位。[5]這單位的部分工作可能確實有問題——要是統戰部涉及以詭詐之道影響外國組織服從中共路線的行動[6]——但它的大部分

工作是撥亂反正，比如：糾正香港依舊深受殖民遺緒影響的教育制度，這種遺緒就算沒有助長對整個中國文化的仇恨，至少助長了對中國政治制度的仇恨。但是，如果統一戰線聽起來像是戰時某個劃清敵友界線以求擊潰敵人的組織，西方怎麼會看到統一戰線好的一面呢？為什麼不將這個單位更名為「文化和政治外聯部」（Department of Cultural and Political Outreach）或類似的名稱？這類詞彙更能反應統一戰線的工作內容，並且不會像目前的譯名一般，讓英語背景人士的腦海自動浮現出一幅畫面，即在和平時期執行逾越道德規範的政治工作的情景。

另一個因為誤譯導致英語世界接收錯誤訊息的例子是「黨委書記」。這個詞通常譯為 party secretary（有時也稱為 party chief 或 party boss）。聽起來似乎黨委書記的任務是制定和執行執政的中國共產黨的決定。這在政府最高層當然是正確的。習近平主席是「總書記」，意思是黨委書記中的頭號人物。在省市，黨委書記是行政等級中最有權力的人，確實有制定、和執行中共制定的政策的任務。但在公司（國營和私人單位）、醫院、和大學，情況就不同了，在這些地方，書記的工作並不總是那麼政治，甚至經常不政治。

我到山東大學擔任院長的過程相當漫長。當初說服我的人是山大青島分校的 K. 書記。十多年前，K. 書記帶我到山大校園，詢問我擔任政治學與公共管理學院院長的意願。我忍住沒有笑出來。我以為我們當天會到青島，其實，我們是在離青島六十公里遠的鄉下。「校園」是一片通向海邊的空曠地，背景是美麗的嶗山（道教名山）。他解釋，明年就會開始建設新校區，五年左右就應該準備就緒。我說，好吧，我們過幾年再談。

三年後（2015 年），大部分建築似乎或多或少已經成型。除此之外，還有兩座宏偉的建築：亞洲最大（以樓地板面積計）的十二層樓圖書館，以及收藏山東省考古珍品的博物館。博物館的

外牆裝飾著數行巨大的竹簡形狀的燈帶，夜幕降臨時，竹簡上的古漢字燈飾閃閃發光，格外別致。教學樓的屋頂鋪的是光滑紅瓦，類似青島市的德國式建築。[7] 這些建築雖然自成一格，但正面外牆都頗有裝飾藝術風格，建築群圍起的空間則是北京風格的大院。我問 K. 書記他會不會擔心氣候變遷的影響：五十年後這個校園會被淹沒嗎？他說，別擔心；正是因為這個原因，他們將校園的海拔墊高了六公尺。然後他指著離圖書館最近的一棟大樓說，那座樓有一半是給「我的」學院用的，另一半是法學院的。我還清楚記得，我那一刻想的是：只有在中國，大學校園才能這麼快地從無到有蓋起來。

我接著問：學生呢？K. 書記表示，青島校區會在 2017 年年中啟用，屆時，包括我的學院在內的六個院系共有一萬多位學生入學。就質而言，我們的學生是首屈一指的：山東省的學生考上山東大學比北京的學生考上清華大學還難。[8] 我還沒答應應聘，但是他可以看出我已經受到誘惑。隨後他告訴我，山東大學每個學生都必須學習《論語》。K. 書記顯然對他祖先的儒家傳統[9]感到很自豪。然後他帶我去校園旁一家濱海小館子吃午飯，真的是才從漁船直接送到館子的海鮮。這是中國最好的貝類，比南方省份的要好，因為在冷水裡成長的海鮮肉質更好。[10] 我問他關於猶太潔食學生的情形，還有他們大致的飲食喜好，結果發現這問題不實際；因為 K. 書記表示，我們沒有猶太學生。我又問了校園裡穆斯林學生的情形；那些我們看了流口水的蝦蟹類食品，對他們來說，可能是忌口（*haram*）。K. 書記表示，不用擔心，將來校區的食堂會和中國其他主要大學一樣設置清真區。我被迷住了。這是個千載難逢的機會，既可以尊重其他文化傳統、又能同時在中國推廣儒家思想！必須一提的是，K. 書記從來沒有說過一句我得幫忙推動共產主義、或中共的大政方針的話。[11] 他是一個建造者，這個校園是他的孩子。他主要關心的是將大學建設成世界

一流的學術機構。首先,我們需要一個美麗的校園,吸引來自世界各地的學者。這完成了。接下來,我們需要有才華的學者來進行原創和前瞻研究。他希望我願意在這方面幫忙他。受寵若驚之餘,我答應了。[12] 我和 K. 書記最後成為密友和知己。我佩服他的沉著安穩、善良和勤奮的修養;每當我遇上問題時,都會求助於他。

學院裡較低層級單位的書記,工作上更注重心理關懷的層面。每個院系,包括我負責的學院,都有幾位書記負責處理非學術事務,這意味在一般情形下,他們就像心理諮商師(港稱心理輔導員、心理治療師),工作目標是確保大學環境的「和諧」(和而不同)並幫助學生在畢業後找工作。部分書記甚至得背負明確配額,規定他們得替一定數量的學生找到工作以及相關獎懲辦法。我並不是否認書記工作有其政治性。例如,學術會議開始前,書記通常會宣讀上級發下來的意識形態指示,但許多教授利用這段時間滑手機,非常認真聽指示的人似乎不太多。[13] 至於某些書記工作破壞了學術自由,這點我毫不懷疑。在我的學院裡,我很少接觸政治工作,也許因為我是外國人,也不是中共黨員。我知道我的學院裡發生幾起學術審查事件(包括審查我的著作),[14] 可能還有一些我不知道的事件,但沒有人要求我強制執行。除了一次例外;我開辦了一個系列講座,名為「稷下論壇」,從中國古代稷下學宮的辯論中尋找靈感。論壇每次邀請兩位傑出學者,就一個主題從不同的角度辯論;我們記錄、整理辯論稿,並打算分發和編輯成書出版。有一次,我邀請了一所中國一流大學的兩位教授,以中文辯論「什麼是好政府?」。和往常一樣,我的助手透過官僚程序申請進行這個活動,但我沒有詢問細節。到了活動前一天,我被告知要刪除我微信公眾號貼出的講座海報,因為我們還沒有獲得正式批准。學生也不能來聽講。有人非正式地告訴我,問題在於活動時間離一個政治敏感的週年紀念日太近

了。因為沒有人通知我，要我必須取消演講，所以我繼續這個活動。我們作東邀請兩位來訪的教授和院裡幾位年輕教師吃了頓晚餐。海鮮很棒，還喝了青島啤酒。青島的青島啤酒比青島以外的青島啤酒質量高得多（因為當地的啤酒是用嶗山的水釀造的）。然後我們和兩位教授一起轉往演講廳。我宣布「這不是講座」，並解釋勒內・馬格利特（René Magritte）那幅著名的超現實主義畫作：畫面上方有一張菸斗圖片，下方寫著「Ceci n'est pas une pipe」（這不是菸斗）。所有人都笑了。然後我們開始演講和討論，我們的活動都有紀錄可循。我知道有一位教授幾乎從不缺席校外教授蒞校演講的場合，原因是他得確定演講中的確沒有出現政治敏感內容。（他從不干擾演講，我也從未聽聞有人投訴他干擾演講。）但是那天他沒有來聽講。我從我的院長基金、而不是學院的教師基金中支付演講酬金。為避免衝突，所有人都必須假裝那次講座沒有舉行。和諧因此得到保障。

　　我知道許多吃力不討好的工作可能都不會落在我頭上，但這並非我所樂見。另一方面，書記的日常工作，也並非事事都不足為外人道。恰好相反：正如毛澤東的名言，它關係到「為人民服務」。當新冠病毒襲擊中國時，保護學生和教職員工免受這種可怕疾病侵害的鬥爭，是由我們不同職能的書記領導。他們夜以繼日地工作，設計並執行既能保護我們、也不會造成不必要麻煩的規定（2022 年初，我們的學生在校園內隔離四個星期，全校的書記在這段期間都住在校園裡，遠離家人）。相較之下，我覺得自己很自私，我抽象的學術追求與世界的美好只有微弱的聯繫。我和其他學者一樣虛榮，只求自己的工作能得到認可。但是我們的書記大部分時間都在做利他的工作，沒有任何明確的個人利益。在新冠病毒危機的前幾個月，一位教師書記為確保師生健康，辛勤工作的程度，讓我不得不擔心他個人的健康。

　　一旦和人的生活有關的事情出問題時,想辦法讓事情變好的任務就落在書記頭上。這個工作需要非凡的人際交往技能,或稱高「情商」(EQ)。這是一個在中國日常話語中的慣用詞(相較之下,智商〔IQ〕高、情商不怎麼高的學者出人頭地倒很常見)。我們的校園在開學沒多久後,發生了一件悲慘的意外事故,K. 書記連日安慰學生家屬,也是一段頗艱難的日子。接著,他不得不重新設計校園,預防將來再發生類似事故。在中國,禁止車輛使用主幹道的校園不多,我們的校區是其中之一,就是因為那次意外而訂的規定。

　　我還有一個自白。我對我們學院裡的一位資淺教師懷有強烈的負面情緒。他經常在學院的微信群上攻擊我的研究工作,並以所謂的道德敗壞問題指責我。我很尷尬,但我意識到我們的權力不平衡,所以沒有公開回應。後來這位老師在其他地方找到工作,並從學院離職,我以為可以大大地鬆一口氣,沒想到他依然在學院的微信群裡,針對我的研究工作持續公開傳送惡毒的批評。最後我忍無可忍,命令微信群管理員刪除他的帳號,因為他已經不是我們學院的教師。這也許是我第一次(五年來!)跳過集體領導系統,用我的權力直接下達一個我理所當然認為會執行的命令。出乎意料的是,我的命令被學院書記否決了。我在盛怒之下到他的辦公室(就在我的辦公室隔壁)要求解釋。我問,這位老師已經從學校離職,為什麼帳號還留在學院的微信群裡?這沒道理!我討厭那位老師還有一個原因,但我並沒有說出來。他公然地反共產主義,他不僅痛恨這個政治制度,還藉由與其他教師分享他的尖酸刻薄評論,公開表達他的蔑視。我想當然爾地認為,那位應該負責嚴格執行對中共表忠任務的書記,肯定會迫不及待地抓住機會,除掉這位在政治上製造麻煩的前任教師(這些都是私下的想法。無論我腦子裡出現哪些政治不正確的想法,我

永遠不會以政治標準公開評判教師）。那位書記一定知道那位教師的政治傾向，因為他的貼文非常公開。因此，我相當詫異 G. 書記不願刪除這位（前）老師在我們學院的微信群帳號。下面是那位書記的說法：首先，還有其他前任教師留在學院微信群，如果我們刪除一個人卻不刪除其他人，會讓這幾件事看起來很異常。其次，如果刪除了那位教師的帳號，可能會讓這件事更像是個公共議題，因為他可能會潑糞，弄臭每一個人。我回答說，那位前任老師出現在學院微信群，限制了我們的發言權。就拿我當例子。我開始不敢發表任何東西，深怕他報復。我相信其他教職員也有同感。我們的書記聽到了我的論證，但他還是不肯改變主意。他說，再等等。如果這位前任老師繼續發布毫無學術價值的惡毒訊息，我們就可以刪掉他的帳號。沒有幾週，機會就來了。

　　不意外地，G. 書記的高情商轉移到其他需要類似才能的領域。張鸝的《焦慮的中國：內心的革命與心理治療的政治》記錄並探討了當代中國心理治療興起的各種面向與原因，相當引人入勝。張鸝認為，中國的新心理治療技術借鑒了「政治思想工作」的舊形式，並從治療精神疾病的臨床領域擴展到其他社會領域：「『政治思想工作』或基於說服的意識形態治理，一種本於『關愛』的治療性治理的新形式，吸引了中國勞工、學生、軍人和其他職能的人。」政治思想工作不僅是擁護共產主義宣傳的問題：「重要的是要注意，有效的政治『思想工作』多半滋生在更個人化的情境中，並且包含與感受、態度和關懷方式有關的情感維度。」今天的思想工作和它最初的政治使命的距離更遠了：「現在，經常有人請朋友或親戚幫忙，對另一個人進行可能牽涉純粹個人事務的思想工作。」不僅如此，目前有許多幫助患者解決個人問題的治療師，都有過政治思想工作的背景：「儘管他們今天在認知行為治療工作的重點不再是政治意識形態或政治說服，而是促進個人成長、與解決情緒問題和家庭問題，他們從過去的『思想工作』

中學到的溝通技巧可以應用在談話治療。」書記和治療師的工作需要相同的技能:「傾聽和建立信任遠比說服和論理重要。」[15]

　　簡而言之,大學環境中的書記,主要功能不像一般的黨委書記,沒頭沒腦的把黨的意識形態強加在頑固的學生和教授身上。相反地,他們的大部分工作涉及消除社會矛盾和促進校園「和而不同」的氣氛。大學書記這個職位名稱翻譯成 Harmony Secretary(和諧書記)會更好。我不想理想化這個制度,因為它有嚴重缺陷。從學術的角度來看,即使在執行過程中幾乎沒有干預,授權政委監督學術研究者的工作也是個壞主意。我期待有一天,中國的學者可以自由地開展工作,不受任何政治干預,並且完全由學術同行就其賢能指標給予評價。[16]這種方式最起碼能夠擺脫賦予書記可觀影響力的制度,不讓他們能左右學術招聘(以及解僱)的決策。但個人衝突不會消失,大學和其他社會機構中還是需要某種形式的和諧秘書。我們還需要以治理大學是為服務社會而存在的行政官員,而不像「西式」大學行政官員的主要任務,是服務那些研究題目經常與社會需求無關的教授。所以我的預測是:即使有一天政治體系全盤崩潰,和諧秘書也不會在中國消失。

第三章

關於集體領導

為了避免重蹈文化大革命的覆轍，鄧小平和其他領導人建立的機制，意在限制出現「惡皇帝」的可能性。限制統治者任期的著眼也在此：截至 1982 年，憲法規定國家主席任期五年一屆、連任不得超過兩屆。但是，鄧小平依然在幕後行使可觀的政治權力，直到他於 1997 年去世為止，正式退休的實際意義為何的疑慮因而四起。江澤民和胡錦濤擔任兩個五年任期的國家主席（更重要的是，擔任黨的總書記）後就退休，顯示任期限制的確能夠有效制約最高政治領導人的權力。這個好消息猶如曇花一現：中國立法機構在 2018 年取消了國家主席的任期限制；這個決定等同允許習近平結束兩個五年任期後，繼續正式行使政治權力，「皇帝」變壞的恐懼因而重生。[1] 值得慶幸的是，另一種意在防範高層獨裁的機制即集體領導依然存在。這些年來，集體領導發生了一些變化，比如說，現在有一位領導比其他領導更平等；但是，這個制度仍然可以制約「頭號人物」獨斷決策。比較不常為人知的是，在中國，即使沒有任何正式命令，高層的政治實務和機制，都會滲透到基層官僚機構。當我到山東大學履新時，發現我任職的學院實施集體領導制，相當驚訝。請允許我描述一些我

與集體領導打交道的經驗細節，然後再解釋政府高層的集體領導可以從我的經驗中得到哪些借鑑。

院長說了算？

我的西方學術界朋友，對於我願意在一所相當偏遠的大學一個大型學院擔任院長這個行政職位，似乎感到相當困惑。西方大學裡的高生產力學者，一旦知道自己有可能擔任行政職位，經常出現的反應是焦慮與沮喪，因為他們更想得到閱讀和寫作的時間。我記得，有一次應邀到一位史丹福大學教授在帕拉・奧圖的家裡晚餐。那位教授接到一通電話，高興地跳了起來。他興高采烈的原因是他剛剛收到通知，系主任的工作，這次不會落在他頭上了。中國的情況截然不同。即使最頂尖的學者也會競爭行政職位，而且職位愈高愈好。姑且不論個人因素，這種中西差異有另一更深層的根源可以解釋。儒家理想——最美好的人生——用「內聖外王」這句話來表達，意思是「內求修身成聖，外行王道治國。」[2] 這個理想的第二部分（行王道），是藉一個複雜的、可追溯到中國第一個王朝的官僚體系（不完美地）示範；為求服務公眾而競相躋身公職一時蔚為風尚。兩千多年以來，最高榮譽一直都保留給經由拔擢與舉薦賢能脫穎而出的公職人員（唯一的例外是皇帝）。當然，歷史遺緒無法完整解釋今天中國學者競相成為大學官員的原因，但身處當代的我們，不也經常回應各種機構提供的各種誘因？值得一提的是，中國大學的高層官員（包括大學校長和副校長）的薪資通常比在大學任職的頂尖學者低得多；我經常從大學高層官員口中聽到這類抱怨。然而，學者們致力當官，這種現象大體上來自儒家傳統，而非「共產主義的」政治制度或「資本主義的」經濟制度。

　　這種文化遺緒在儒家文化的發源地山東省最常見,其實並不意外。我許多同事驕傲地表示,中國歷史上許多影響深遠的公職人員都來自山東,但我們(山東人)從來沒出過皇帝。言下之意是,想要躋身最高層,可能就會捲入骯髒政治,我們山東人樂於做個勤奮的公職人員。值得注意的是,山東車牌的幸運數字不是中國其他地方的「8」(「8」的粵語發音接近「發」,指「發財致富」),而是「7」,因為「七上八下」在中國語境中,可以指公職人員的升退年齡(即官員升退的慣例是:57歲時未能晉升,58歲就要退下來)。

　　作為在中國工作和生活的正統儒家學者,上述顧慮我也感同身受。完滿的儒家人生當然包括以某種方式服務大眾,而大學行政職位最貼近我的理想。我是個在外國出生、外國人長相的外籍教授,卻有機會負責山東一流大學裡一個大型的、政治敏感的學院,可以說是我的殊榮。我的中國朋友普遍支持我的決定。有些人熱衷地預測,我將來會晉升為某一所大學的副校長、甚至可能是校長。我謙虛地把這些想法拋在一旁,但是在內心深處,我認為自己將在幾年內成為中國一所主要大學的第一位外國出生的校長;這項紀錄,即使《紐約時報》(The New York Times)沒刊載,《環球郵報》(The Globe and Mail)肯定會報導。

　　我在2017年1月1日正式就任院長。這則新聞在中國轟動一時,我的名聲也從學術界外溢。甚至我還沒正式上班,就獲邀接受幾家主要報紙和電視節目採訪。在我住的鰲山衛鎮的街上,甚至陌生人都認得我。我成了一個小明星,是因為一個新的行政職位,而不是我寫的許多書(我的著作當時都已經出版了中文本),我覺得這有點奇怪,但這有助於我的作品在中國更廣為人知。我的中國朋友一再告訴我,我需要的是一個平台與群眾溝通我的觀點。只靠在清華等著名大學當教授是不夠的,除非我有個眾人皆知且尊重的行政職位,否則沒人會聽我說什麼。「院長」就

是這種在中文語境聽起來很重要的職稱（不認識的人知道我是大學的院長時，眼睛頓時一亮，尊敬我的程度也立即改觀）。[3] 當然，我還是覺得，我的主要動機是服務他人，當時這還是個尚未實現的願望。截至目前，我覺得我的生活過於以自己為重，即使在家庭生活中，我也沒有為我愛的人做太多事。實現完滿的人生不僅要重視自己，也與重視他人的本能有關，我很希望能發揮這種本能反應。

當媒體問我同意出任院長的原因時，我的回答就沒那麼自負。我說，我可以協助山東大學完成教學和弘揚儒學的使命。山東省首屈一指的大學以儒家傳統為傲，同時以開放的心態看待外來影響，致力開展多樣性的視野，這是合理的辦學方式。此外，我可以建立與國外大學的聯繫，幫助我們的師資國際化；我們的學生和教師也都能在更多國家獲取更多的學術經驗。我可以利用過去三十年間在國外建立的學術聯繫管道，鼓勵世界各地的頂尖學者到山東大學發表演講和參加我們舉辦的國際會議；我也會嘗試吸引全球人才到我們的學院任教。我的雙重使命看似矛盾卻合情合理，既要推廣「我們的」儒家文化，讓它落實本地，同時透過與外國系所更多互動以達到國際化。而院長一職可以幫忙實現這一雙重使命。我的主管告訴我，中國大學與西方不一樣：中國大學的院長有塑造學院風貌的權力；在西方，一般認為院長的角色是在動輒對立的派系之間擔任某種中立、公正的裁判。有人告訴我，中國的制度是：院長說了算。

我為人民服務的使命，很快就面對現實的挑戰：嚴重污染。我初任院長時，我們的學院正從內陸城市、山東省省會濟南遷移到 350 多公里外的美麗濱海城市青島（更確切地說，是距離青島約一小時車程的小鎮鰲山衛）。濟南的空氣污染超標，空氣質量指數的「細顆粒物濃度」（PM 2.5）[4] 的數值高達 650（美國駐北京大使館一度以「極糟」來形容這個數值超過 500 的空氣質量），簡

直無法呼吸，我嘴裡的金屬味在一個星期以後才會消失。當地人似乎並不那麼在意：他們戴口罩阻擋污染，但一些看起來很強悍的傢伙會摘下口罩抽菸（我很驚訝沒有人提出將口罩開孔以方便吸菸的想法）。因此，在新冠疫情造成恐慌初期，證實戴口罩是必要措施，就不至於對濟南人造成文化衝擊。

令人意外的是，我的職位居然沒有配置助教（他們指派了一位才華洋溢的年輕老師幫忙我，但我覺得要求他處理行政事務似乎不合適）。我帶了一位自聘助理（是我在清大任教時班上的本科學生）走馬上任。她引導我應對正常生活的官僚障礙，例如開立銀行帳戶時，外國人的申請表上只有兩個選擇：美國人和非美國人。[5] 我就任院長後，第一個要求是在我們的酒店房間裡安裝空氣清淨機。一台清淨機很快地送到我的房間，但我的助理沒有。我再次找學院管理單位的負責人員幫忙。她說，現在在搞反貪反腐運動，要嚴格執行規定；情況很複雜；我回答說這是生死問題，與貪腐無關。她向我保證說，她會「研究、研究」。在危及生命的污染環境中，經過我們一再要求，我的助理的酒店房間，終於在三天後安裝了一台空氣清淨機。我從複雜的官僚主義中得到的第一個教訓是：拖時間的權力是所有權力之母。

我就任第一週就接獲通知，有兩個重要會議我一定得參加。一是決定學院重大議題的「政管學院黨政聯席會」（我們私下都從簡，稱它為「班子會」）。二是「學術委員會」，單純處理學術事務，比如教師的聘用和晉升（我們還沒開發出解僱的制度，五年來我們不曾解僱過一位教師）。黨政聯席會由四位副院長（均為男性）、三名黨委書記、前面提到的領導幹部、和我組成。我的座位安排在中間，兩側分坐常務副院長和學院的黨委書記。有人半開玩笑地告訴我，這是一種集體領導制度。會議安排在早上八點，在我看來早得可笑，因為我還沒有改變我當研究生時晚睡晚

起、中間打個盹的睡眠習慣。開會沒有書面議程、也沒有事先傳閱任何文件。

他們要求我先發言。我說，我要先聽聽其他人的意見，再大膽說說我的看法。黨政聯席會每位委員各自就其特定的職責範圍進行發言約十五分鐘（一位副院長負責本科生教育，另一位負責研究生教育，還有一位負責研究），總結他們過去兩週左右的工作。大多數討論都集中在搬遷事務：哪些桌椅要搬到青島，誰應該在新大樓的哪間辦公室，以及如何配合因應反貪腐運動訂定的辦公室面積限制要求。青島和濟南兩地的領導對校區搬遷的看法明顯南轅北轍。美國中央情報局前局長喬治・泰內特（George Tenet）用「十拿九穩」（slam dunk case）形容薩達姆・海珊（Saddam Hussein，港譯侯賽因）統治的伊拉克存有大規模殺傷性武器的情報可信。我認為，從天氣炎熱潮濕、交通擁塞、建築物醜陋、污染嚴重超標的濟南，搬到青島附近、空氣清新、海灘美麗、後倚嶗山勝景的新校區，應該也是「十拿九穩」不會錯的決定。但是，在濟南有年幼孩子和年邁雙親的教授們，都不願意搬家；有些夫婦則可能為了分隔兩地工作而苦惱；有人告訴我，當年中國石油大學將校園拆分為二，分設於兩個城市後，該校的離婚率上升了百分之三十（不久之後，我也替我任職的大學這個不愉快的統計數字添了一筆。）

有些差異似乎可以追溯到戰國時期，當時濟南是魯國（儒家故鄉）的一部分，而青島是齊國的一個小漁村，以貿易實力聞名。有人（私下）告訴我，我們學院裡相當多的教授出身自前齊國沿海各城市，他們從魚鮮中攝取了更多的蛋白質和卡洛里（calorie，港譯卡路里），而其他省區的民眾在 1970 年代後期高考恢復時多半營養不良。因此，高考恢復後的前幾年，成績好的考生中，超過百分之六十來自沿海地區；因此，齊人後裔進入學術

圈發展的人數不成比例地多。相反地，學院裡的魯派似乎認為這次遷移代表我們「文明程度」下降。[6]搬家這件事沒有爭議：因為這是上級決定的。但大家爭論的是時機、該搬哪些東西、以及誰該分配到哪個辦公室等問題。有一次為了這些事愈吵愈激烈，一位學院領導甚至憤而離席。接著大家要求我做決定，但我無話可說。一方面，我還不習慣會中的多種山東口音，所以我錯失了一些關鍵細節。其次，我既不瞭解當事人（我們學院有大約八十位教師），也不知道將爭議交付仲裁的相關規定，所以，我無法決定衝突的觀點該如何取捨。最後，我們那位英俊出眾的常務副院長 C. 發言了。多有權威啊！他掌握了所有細節，盡可能地納入其他領導的建議，提出以前不曾有人提過的想法。他一開口，所有人都安靜下來並附和他的建議。他的建議聽起來合理而且面面俱到，他表達看法的時候不僅謙虛、還帶著幽默。那是我第一次知道誰是學院的真正領導。

　　四小時後會議結束。我像個砲震症（shell shock）患者一樣呆坐當場。那位從北京來的助理也一樣。她覺得到了一個不辨東西的陌生之地。[7]她不是沒有耳聞山東的官僚文化，她沒想到的是，山東這邊的官僚文化還包含似乎沒完沒了的討論，以及引用一堆令人費解的規定。我在清華大學參加過幾次系務會議，沒有一次超出一小時左右。在香港，會議效率更高，會中要討論的議題以及細節會在會前分發以供研讀。我決心讓我們的會議流程更順暢，並且提高開會效率。我第一個要求是將下一次會議重新安排在下午舉行。有人告訴我，這是不可能的，因為其他領導下午各有教學任務和大學層級的會議，但是，會議時間可以改到早上八時三十分開始。我開玩笑地告訴沛，這是我的第一個勝利，她回說，這可能是我唯一的勝利。我完全沒想到，她那句話還真不是笑話。

　　隔天，我們舉行學術委員會會議。委員會有十四位委員，在聘用和晉升的決定上有平等的投票權，即使如此，學院的決定仍需要經過更高層級的大學當局批准。我瞭解這是十分重要的委員會，同時也瞭解自己不會有什麼影響力。更糟的是，我接獲通知不能正式加入委員會，因為新教師加入的制度規章有些複雜。我必須先以無投票權的委員身分參加，而且很快就會同意我成為正式委員。但我在兩年半以後，才正式獲任命成為學術委員。

　　我工作幾個月後，明白自己力不從心。我（不同於其他院長）沒有獲得任命，擔任任何一個大學級別的委員會委員；我也不曾和我們的大學校長一對一會面（我曾要求會見，但從未如願以償）。我不但不敢懷抱晉升的希望，還擔心連院長一職都做不下去。我在就任的前幾個月，曾經表示我會和所有學院的教師會面，針對可行與不可行的事情，進行一對一討論，並徵詢他們關於如何往前推進的建議。[8] 但是，因為我在青島時，有幾位教師住在濟南，反之亦然，所以時間很難安排。我確實與一些教師會面。讓我驚喜的是，有人支持恢復第一年必修政治理論課程，並且要納入更多來自儒家傳統的內容。然而，當我向學院領導們提出這個建議時，第一次看到他們的臉色變得不太友好。他們告訴我，改變課程設置非常困難以及其他無數的官僚（主義）障礙。我此時心知肚明，知道我無法在推動課程改革一事上取得任何進展。還有一次，我籌辦另一場儒家政治理論的國際研討會，但會議在最後一刻被教育部以政治因素否決；讓我極為尷尬的是，我不得不請求國外與會者取消行程。我也瞭解，由於我們學校位置偏遠、而且校園內缺乏英語設施，所以很難吸引不會中文的國外學者。我的儒家化和國際化使命，必須讓位給看起來更世俗的瑣事，例如：為教授提供更多的辦公室空間、更多的研究時間、和更高的薪資。

　　我們在學院會議上討論了這些問題，但我的在地知識一直不足，無法提出明智的建議。會議繼續拖拖拉拉地開四個小時，全程似乎都是沒完沒了的談話，我們的常務副院長成了非正式的首席決策者。我確實提了簡化會議流程的建議。我要求會議僅限於討論需要解決的問題，而不是報告已經完工的事項。我要求學院領導們事先提交書面報告，如此，我們就不用在會議上花費那麼多時間審議這些報告。我的建議效果有限。有幾位領導提交了報告，但他們非正式地告訴我，準備書面資料太耗費時間，更不用說許多問題都是臨時出現；一件事是否還有尚待解決的問題或是可以結案，並不一定容易釐清，在會議中審議結案報告的意義，就是讓其他人察覺潛在問題。事情終究又回到先前的狀態。我明白大多數學院領導喜歡開這種冗長會議。我也明白，我生來就不是當個山東省小官的料。

　　大約一年後，有人告訴我，那位才華橫溢的常務副院長已經內定升任山東大學青島校區的副校長。難堪的是，我對此事的反應是告訴黨委書記我很震驚（我沒有時間消化這個訊息：我聽聞此事後，就得到大學組織部開會，和他們討論這個人事晉升案）。原因不是我嫉妒（我很久以前就放棄了在大學等級制度中晉升的願望）。我擔心的是，我們失去了這位常務副院長，院務可能會分崩離析。我當然不覺得我可以接下實際首席決策者的工作，而且我也不知道誰是適當的人選。所幸，我及時回過神，參加了組織部的會議。我在會中對常務副院長表達了欽佩之意，並且真誠地表示，他在人事管理與處理學術事務爭議時不偏不倚，兩方面的表現都非常出色；我想不出有誰比他更優秀、更能勝任大學層級的領導職務。[9]

　　在下一次的學院黨政聯席會議上，我努力爭取把中間座位讓給我們未來的副校長，但他堅持我應該坐在中間。以往班子會召開前，我們都會堅持對方應該坐在重要的中間位置。他通常會強

拉著我到中間座位「打贏」這場讓座之爭。我也學到了一些反擊取勝的戰術，例如，我偶爾會提前到會議室，先選一個比較不重要的位子坐定，逼得他不得不坐在中間位。令我驚訝（也讓我鬆一口氣）的是，他擔任青島校區副校長期間，仍然保留原來常務副院長的職務以及政管學院黨政聯席委員會委員的身分。我著實擔心他的健康，兩份工作似乎太消磨精力與體力了，此外，我也為我不能（或是說不願）做更多感到內疚。

持平來說（對我自己），我畢竟還是學到一些在大學辦事的技巧。如果我有改進院務的想法，最好是在既有結構的基礎上進行，而不是改變結構。我也學到，如果沒有訓練有素的教師，就無法弘揚儒家思想。當然，如果我們的教師對儒家思想沒有興趣或沒有專業知識，我就不會要求、更不至於強迫他們開設更多儒學課程。但我可以聘請相關背景的新老師。在這點上，我取得一些成就。[10] 在我任職的第一年，我出了點力，幫學院忙聘請了一位傑出的教授；我從 1990 年代中期就認識他，當時他還在北京大學讀本科。他出示一本袖珍版《論語》給我看，並告訴我他是孔子的七十六代孫；這是我第一次知道著名的孔氏家譜。K. 教授生於曲阜、長於曲阜；接受過西方思想史和儒家倫理的訓練，他對兩者的比較，見解鞭辟入裡，深受中國與外國學生歡迎。他是一位有魅力的老師，學生們都喜愛他。K. 教授在行政層級中迅速上升，成為副院長和我們集體領導的重要成員。他協助聘請了更多可以教授儒家歷史和哲學的老師，我開始意識到，我們的教師「儒家化」逐漸有了進展，多半是經由他努力所得到的成果。[11] 在個人關係上，他是我的酒友，就像其他山東「哥們」一樣，我們會握著手分享私密事；但由於喝多了，經常隔天早上就把昨晚發生的事情全忘了。[12]

在其他領導支持下，我終於找到一展所長的方向：國際化任務。我為我們在挪威的學生辦了一所比較東亞和北歐文化的暑期

學校;我幫助一些教師申請帶職出國進修;我籌組了一場國際研討會,比較古印度和古中國的國際政治思想。我也和國外大學簽署了多項合作備忘錄。我還贊助好幾位國內、國外的講師,培養大批求知若渴的學生。但是,國際化的工作因為新冠疫情蔓延戛然而止,從 2020 年初以來,我能做的最好的事情就是堅守我們已有的,例如努力為滯留國外的外國教師,爭取簽發旅行許可(山東大學的外國教師經過兩年嘗試後,最終獲准重新入境)。

在某種程度上,我還學會了在集體領導制度中來去穿梭的技能,處理國際議題時尤其如此,因為人們會假設(通常是錯誤假設)我的背景提供了我特殊的專業知識或技能。讓我以這個案例解釋:我們院裡有兩位外國學生因為吸食毒品而被捕。我詢問吸食的藥物是什麼,得知是大麻。我的同事可以從我的臉部表情,看出我覺得這不是什麼大不了的事。有人說大麻在國外大學很常見,我同意,但沒有提到我自己讀大學時豐富的抽大麻經驗,我們習慣稱為「課外活動」。我主張給予最輕的責罰:罰款五百元人民幣(折合七十八美元)和一次警告。我的同事最後同意了,但原因只是擔心這件事要是張揚開來,我們學院不僅顏面盡失,還會影響我們招收國外學生的能力。還有一次,一位外籍教師在線上授課時與學生發生衝突。由於新冠疫情,他人在國外,這是他的第一次線上授課。老師很不高興,因為有些學生在他講課時發微信給朋友(他可以從他們的視頻影片中看出來),而且有人未經他允許即錄製他的講課內容。他開始無法控制自己、當場發作、隔空責罵,學生們覺得很糟糕。山東大學的學生通常非常尊重老師,但是有三分之二的學生簽署請願書,要求開除這位冒失、脫序的老師(少數學生支持這位以嚴厲出名、卻對學生用心付出的老師;他可能比我們學院裡的任何一位老師都還認真付出)。這是一次嚴重的危機,黨委書記把我找去討論。我很尊重山東大學的學生,但覺得他們這次做得過分了(坦白地說,那位老師是我

的摯友）。於是幾位領導非正式地提出了一個在我看來是好的妥協方案：我們指派另一位老師，替那三分之二的請願學生上同一門課，其餘學生則可以繼續與原來的老師上課。冒犯人的老師意識到自己當時反應過頭，寫了一封誠摯的信向學生們道歉。雖然我們沒有告訴那位老師簽署請願書的學生名字，學生們依然拒絕接受該妥協方案，因為擔心日後選課時會遭到報復；此外，他們還表示，一個班級不應該拆開，因為相互評鑑是以經驗和友誼為基礎，是想加入共產黨的學生幹部非常重視的衡量標準。因此，我們不得不召開一次正式會議，與領導共同商量，看看有沒有可能研議出一個各方都能接受的公平結果。會中沒有人主張解僱那位得罪人的老師，但有些人主張剝奪他該學期繼續授課的權利，同時給予正式警告和減薪。我主張「輕懲」，就是剝奪他該學期教授那門課的權利，但可以繼續教授他的其他課程。我們爭論了好幾輪，最終我的建議勝出。

然而，除此之外，我無法宣稱我成功了。我心中明白，我並沒有達到我最初的期望。在可預見的未來，我們的大學不會成為一所堪稱典範的知名儒家大學，國際化需要讓位給其他受關注的議題。最深層的問題與語言、文化或政治都無關。我們該做的是隨時待命，並準備好一接到通知，就可以與其他領導舉行長達四個小時的會議。我只是沒有力氣去執行這項工作了。[13]

集體領導的理想形式？

姑且不檢討我個人失敗的原因，我的確看到以集體領導作為一種制度的優點。這句話並非暗示在我們學院裡的集體領導是理想的；我也不是有意暗示，我們學院的集體領導形式接近政治局常委會的集體領導方式（政府最高層的運作並不透明，所以我壓根兒不知道它的運作方式）。但也許參考我在某種集體領導制度

下做事，知道哪些做法有效、哪些無效的經驗，有助於瞭解這個制度在政府更高層級運作的良窳。以下是我的管見。

一、認真工作。在我擔任院長前出版的著作《賢能政治：為什麼尚賢制比選舉制更適合中國》中，我借鑒了學術研究成果，提出公職人員的質量對一個大型、和平、與正在現代化的尚賢制至關重要的一些建議；我總結了三種關鍵特質：智商、情商和美德（具體來說，就是要有為公眾服務的意願，以及不會為個人利益濫用公款）。[14] 現在我發現，這份清單上缺少一個特質：勤奮工作的能力。[15] 我對學院的領導同僚深表敬佩，不僅因為我認為他們擁有高於平均水準的智商、情商和美德，還因為他們為了學院福祉孜孜不倦、勤奮工作。我身為院長最嚴重的失敗，在於我缺乏這種勤奮為他人服務的能力。那麼，集體領導對政府更高層級又有何影響呢？如果所有領導都為政治群體的福祉努力工作，我們可以放心認為，該制度非常可能運作良好。相反的，如果一些領導懶惰，或者只是做做樣子、敷衍了事，就像蘇聯後期的狀況一樣，[16] 我們就可以預期政治制度已經出問題。中國觀察家沈大偉（David Shambaugh）在 2015 年發表於《華爾街日報》（*The Wall Street Journal*）的著名評論文章中就預測「中國即將崩壞」，部分原因是政治權威已經「僵化」，「甚至許多忠於這個政權的人士也只是在做做樣子。」[17] 我在山東大學體會到的集體領導的經驗顯示，情況並非如此，我知道的少數政府較高層公職人員依然毫不懈怠地解決問題。我是明顯的例外。這是對中國政治制度的前途保持樂觀的重要原因。

二、注重效率。我們的主要問題是開會拖延的時間太長了。但是盡力提升效率不僅可能、也是可取的。集體領導的討論應該集中在問題上，而不是報告已經完成的工作；閒聊也應該盡量減少。與會的領導人數要有上限：根據我的經驗，如果每個人發言約十五分鐘、再加上協商討論，開會時間會拖的非常久。所以集

體領導應以不超過七位或八位為宜，每位領導都有機會從自己的角度談論需要解決的問題。我不知道政府最高層是如何運作的，但政治局常委會中有七到九名領導，從效率的角度看來，這個數字似乎是正確的。

三、不平等是好事。如果每一位領導都是平等的，事情就很難做好。討論會持續很長時間，矛盾的觀點將會難以解決；如果以投票而不是非正式的共識來解決，投票時可能會出現拉幫結黨現象，一些領導也可能會深感不滿。為了效率，分工是必要的，但如果平等分工嚴格到無法變通的程度，每位領導負責一個領域，並對於影響該領域的決策持有實際否決權，就很難做出對總體有利的決策。因此，需要有一位「同儕裡的佼佼者」（first among equals）」的領導，有能力考量不同觀點，此外，這位領導如果沒有正式的權威，至少要具備道德權威，才適合擔任首席決策者。我很遺憾地承認，我不是這樣的領導。幸運的是，我們的常務副院長正是這種角色的實例。

他是一個很好的傾聽者，能夠溫和地說服其他領導靠近他的中間立場。此外，他在大學裡交遊廣闊，那些朋友信任他、也尊重他的判斷。在一篇被廣泛引用、題為〈在共產黨中出人頭地〉的文章中，史宗瀚（Victor Shih）和兩位共同作者認為，中國的政治制度在政府較高層級中，並不是賢能政治；因為中央委員會委員的晉升是以主觀因素如派系為基礎，而不是實現經濟成長的能力。[18] 但是，賢能政治的標準在政府更高層級中有所不同，可能合情合理。在較低層級中，根據較為客觀的標準，例如促進經濟成長的能力提拔官員，可能相當重要。然而，在更高層級上，就另當別論了。如果一位領導攀爬權力階梯數十年後，累積了大量可信賴的朋友，這些朋友很可能會幫助他或她執行決策。在最高層，這意味著他或她更有可能是集體領導制度裡面的那位「同儕裡的佼佼者」，並且更容易為群體利益把事情做好。我發表關

於中國式賢能政治的演講時,有人問我為什麼是習近平、而不是其他非常能幹和工作勤奮的領導雀屏中選?我半開玩笑地回答:「因為他朋友多。」[19]

　　四、自由表達和批判觀點之必要。集體領導一個明顯的優點是,決策過程中得以集思廣益,但如果最上位領導者不考慮其他視角,集體領導就不會運行良好。為了使集體領導發揮良好作用,所有領導都應該能夠自由表達不同意見。領導者也是人,無論他有多偉大,也不可能在如中國這樣一個既現代又複雜的社會裡,對政府大小事務都瞭如指掌;他或她可能都會有一些有待更正的錯誤觀點。因此,領導圈中的其他領導批評錯誤觀點是一種義務,即使是(尤其是)錯誤觀點出自「同儕裡的佼佼者」之口,也應該如是。魯定公有一次問孔子:「一言而喪邦,有諸?」孔子回答:「如不善而莫之違也,不幾乎一言而喪邦乎?」[20] 我很高興地跟大家報告,在我的學院裡,我們的決策者確實善於傾聽,而且願意回應他人的批評、改變自己的觀點。這就是我對學院的未來充滿信心的原因。然而,在政府更高層級中,我就沒那麼自信了。帝制時期的中國沒有集體領導制度,但有兩位史官,分別負責監督皇帝的言與行。他們的功能相當於非正式制衡皇帝擁有的、可以制定荒誕不經的政策的權力,因為皇帝知道後代子孫會看到他的言行紀錄。[21] 我們不難想像這個機制的現代版本,即是常務委員會將開會審議的過程錄製下來,並在五十年後公開發表。這種機制可以視作一種鼓勵,鼓勵最高領導得以表態他有自知之明、知道自己有所不足,但他嚴肅對待不同的觀點;對他的同僚來說,也可以證明他們支持的,其實是錯誤的觀點和方案。但這些,只是更多盲目的期待⋯⋯

第四章

腐敗有什麼問題？

在中國，腐敗是一切政治敗壞的源頭。從儒家的角度來看，美好人生是以公職人員身分服務群體；相反的，醜陋人生是為了私人或家庭目的濫用公款。這些觀念影響了歷史。明朝為何滅亡？清朝為何滅亡？原因很多，而腐敗的爆炸式成長，在這些歷久不衰的王朝的正當性隳壞的過程中，扮演了重要角色。中國共產黨為什麼在中國內戰中能打敗國民黨？不是因為先進的武器裝備；中共贏得人民支持的主因是它看起來比較不腐敗，也更願意為人民服務。當然，這些關於中國歷史的陳述都太籠統，需要進一步調整修辭。對歷史學家來說，他們的工作是辯論腐敗與政權興衰的複雜關係。但對中共領導人來說，上述這些事實或對事實的詮釋在在都會影響他們的言行。

在中共執政前三十年，腐敗並不是主要問題。當數百萬人死於人為造成的饑荒、以及來自視同階級敵人的殘酷迫害時，政治領導人醉心的是權力而不是發財。從 1970 年代後期開始，國家因為以市場為基礎的經濟改革而富裕，公職人員也急切地要分一杯羹。但國家仍然繼續向前發展，數億人也得以脫貧。到了千禧年前後，腐敗開始失控。一次又一次的民意調查顯示，腐敗是中

國民眾心中的大問題。想進好學校或是得到適當的醫療照護通常得靠行賄。沒錢或沒有政治關係的人（即大多數人）都認為整個體制對他們特別不公平。這並不表示多數人認為體制從裡到外都毫無例外地腐敗到無可救藥；還是有幾座「廉潔島」可以作為改進體制其他部分的基礎。[1] 最值得注意的是，無論高考有什麼缺點，一般認為它是決定某人進入某所大學的方式中，相對公平、也沒有腐敗元素存在的方式。與較低層級的公職人員相比，中高層級的公職人員被認為是一個能力比較好、比較不會腐敗的群體。不管現實如何，低層級的腐敗戲碼「就在眼前」上演的機會大得多，因而成為人民憤怒的眾矢之的。

中國領導人曾經公開承認腐敗激起的民怨，已經嚴重到人民的怒火危及政權正當性的程度。中國前國家主席胡錦濤警告說，「（貪腐）這個問題解決不好，會對黨造成致命傷害，甚至亡黨亡國」；胡錦濤的前任國家主席江澤民則說，「腐敗現象是侵入黨和國家健康肌體的病毒。如果我們掉以輕心，任其泛濫，就會葬送我們的黨，我們的人民政權，我們的社會主義現代化大業。」[2] 對此警訊，他們的回應是心不甘、情不願地發起反腐敗運動，但腐敗似乎變本加厲。

2012 年習近平就任國家主席時，腐敗已經到達臨界點；習近平於是將打擊貪腐作為政府的第一要務。[3] 發起了中國共產黨黨史上為時最久、最有系統的反腐運動。截至 2023 年，約有二百三十萬政府官員因貪腐遭到起訴，包括至少十二位高級將領、多位國營企業高管和五名國家領導人。[4] 憤世嫉俗的觀察家聲稱，整件事情是一種打擊政敵的手段，但這次反腐運動與以往不同之處是，它同時製造了許多政敵；從政治自保的角度看來，這似乎不太理性。

無論動機為何，成效是明顯的：反腐運動奏效了。[5] 任何人，只要他和公職人員打過交道，都注意到這些變化。貪腐行為

現在幾乎全面收斂。公司利潤增加了，因為不再需要支付額外費用給公職人員。一般公民可以感覺到那個體制不再那麼不公平，因為現在不向官僚行賄和送禮，還是可能獲得公共服務。最讓人驚訝的是，反腐運動成功，並沒有用上自由民主國家設計用來限制濫用權力的機制，例如：競爭性選舉、新聞自由和成立獨立行使職權的反腐機構等。中國受列寧主義啟發的政治制度排除了這些機制，並允許不經審判即可無限期拘留等虐待行為。

　　但列寧主義只是反貪腐運動成功的部分因素。反貪腐的手段多半來自中國自己的法家傳統。我與包括高層領導人在內的公職人員交談時，不時聽到以法家語言為反貪腐運動辯護。法家——意思是依法辦事（rule by law），而不是法治（rule of law）——是一個有別於從儒家「悲天憫人」情懷出發的方案：當北京統治者的權力或中國社會秩序面臨嚴重威脅時，往往依靠法家的方法，合理化他們的作為，例如動用國家力量，以高壓手段壓制政敵，以及以嚴刑峻法確保社會秩序不至動亂等。

　　這種做法成功了，至少短期來說是成功的。受法家啟發，自封為秦朝第一位皇帝的秦始皇於公元前三世紀後期統一中國。但是秦帝國只維持了十五年，是中國歷史上最短命的王朝，秦始皇在史書上則是位殘暴的獨裁者。他那些可以用「列寧主義法家」形容的作為，其缺點在今天的反貪腐運動中同樣明顯。嚴刑峻法的問題，不只是讓那些想要貪贓枉法的公職人員從事腐敗行為前思前想後，問題在於他們幾乎時刻都在思考什麼地方可能會出錯，制定決策機制因此陷於癱瘓。問題在於為了避貪防腐，動用公款的流程複雜到令人費解，動輒還會受到懲處，相比之下，不花錢還安全一些。反貪腐運動的成本愈來愈高，而且還在上升。中國在過去四十年之所以成功，部分原因是政府官員受到鼓勵，進行各種試驗和創新，幫助推動了中國改革。但政府謹小慎微，意味有創新理念的官員無法獲得晉升，問題也無法解決。[6]

　　新冠病毒危機顯示，公職人員任事麻木確實可能導致死亡。因為他們無法在新冠危機發生時迅速反應，導致數百人喪命。相反的，2019 年 12 月下旬，包含李文亮醫師在內的多位「吹哨者」警告出現了一種類似 SARS 神秘病毒，卻遭到當地官員下令封口。李文亮兩個月後死於這種致命病毒，時年僅三十四歲。李醫生過世在社交媒體上引起軒然大波。如果說在反貪腐運動前，貪官是中國民眾的禍根，那麼今日的禍根則是墨守成規、只顧著取悅上級、無所事事的官員。

　　2017 年 1 月，我這個小官走馬上任、開始「掌權」時，正值反貪腐運動的高峰。那時，我可是全心全力支持打貪打腐。一位朋友開玩笑地說我錯過了「貪腐無限好」的那段日子。過去，我可以宴請賓客精饌珍餚，包括特級「白酒」，都可以報公帳；飯畢，再請客人去唱卡拉 OK。我也會有自己的司機。但實際情形是，我是個外國公民，不太可能會得到一份小官工作還附帶形同貪腐的福利。從人民大眾的角度來看，我瞭解反貪腐運動是必要的政策；此外，我不該抱怨。以中國的標準衡量，我的薪水相當不錯，並且提供我一間位於美麗的新校園旁、面海、帶補貼的住房。我的同事不僅和善，也多方協助我。

　　不過，我很快就體會到反貪腐運動的不便。儘管官方的美化說法是，有必要減少的是「官僚形式主義」，但變得更嚴格的是影響日常生活的規範。我接受這份工作前，有人承諾給我一間大辦公室。但我就任後，大學院長的辦公室空間得遵從中央政府規定，嚴格限制大小；而基於某個官僚主義的原因，院長辦公室甚至比一些普通教授的辦公室更小。我不太在意，因為我大部分真正佔空間的書都放在家裡。但是，當我不得不接待以為院長辦公室很大的訪客時，會覺得有些尷尬。我的變通之道，是改在同樓層另一個較大的公用辦公室裡接待訪客；再不然，就選在大學圖書館會面。這是一棟相當宏偉的十二層樓建築、也是亞洲最大的

圖書館（我指的是樓地板面積，不是藏書量）。我會帶客人到頂樓，欣賞視野所及的大海、山巒和大學的建築群。如果是國外訪賓，我就不得不解釋整個反貪腐運動的來龍去脈，並指出學校的黨委書記辦公室沒有我的辦公室大。

我作東宴客時，那些反映法家主義的繁文縟節，著實讓人覺得瑣碎又煩心。比如說，訂餐時每人平均餐費不得超過九十八元人民幣，報帳時除了必須寫明菜名，還必須自掏腰包付酒錢。我沒有自己的信用卡，也沒有大學帳戶可以支付宴客費用，而且我是否有權簽帳，一直沒有明確答案。宴客反而成為無趣的官僚工作，那種請客吃飯的感覺有點麻煩、有點累人，和腐敗時光樂趣橫生的飲宴場合的氣氛截然相反；過了一陣子，我作東請客吃飯的次數開始減少。我像那些低調的官員一樣生怕惹上麻煩，擔心頭被砍了。

更糟糕的是，政治偏執的氣氛影響了我們的學術工作。不僅是官員變得愈來愈保守、愈來愈以避險為重；還有愈來愈多政治科學課目列為政治敏感，限縮了純粹學術研究的空間。比較自由開明的同事，過去可以研究如民意諮詢或村級選舉這類主題，現在都在找新的研究題目；甚至看似無傷大雅的「親中」課題也成了禁區。我籌辦的一個研討「天下」觀念（一種根源於中國傳統的全球治理理念）的國際會議，也在最後一刻遭到教育部否決。我不得不尷尬地向受邀的國外賓客致歉，並只能含糊暗示取消的原因。儘管我原本應當致力使我們的學院國際化，卻因為偏執的政治制度製造的障礙，碰了一鼻子灰。

回想起來，幾乎完全依賴法家手段對抗貪腐可能是個錯誤。法家可以帶來短期的政治成功，但也可能導致長期的衰敗，類似秦朝的命運。中國歷史確實也指出其他可能性，包括特赦貪腐官員。目前反貪腐運動正進行中，持改革意見的人士主張對所有貪腐官員普遍特赦，嚴格監管公、私界限，並提供資源讓這些貪官

腐員重新做人。對於解決買官問題，也有人提議，一旦官員通過一定程度的資格檢定，公職就可以抽籤分配，就像明神宗萬曆皇帝的作為一樣。但現在要重新開始，為時已晚。

時猶未晚的是放緩反貪腐行動。曾領導反貪腐運動的前中國國家副主席王岐山表示，這項行動需要從最初的威懾階段，發展到官員在執行公務時根本不會動起貪腐念頭的階段。下一個階段不能只依靠恐懼懲罰，主要必須依靠各種減少貪腐誘因的措施，包括在經濟和政治權力上劃出更明確的界線、以及給予公職人員更高薪資。[7] 官員們在沒有人注意時的作為也非常重要：儒家經典提供的道德教育有助於長期改變心態。中央機關應該更信任有良好服務公眾紀錄、有才能的公職人員。任何政治制度都必須在約束政府官員不得做壞事、和授權他們做好事兩者之間取得平衡，而中國的天平需要回轉到注重後者，因為對於高層權勢的制約可能太少，但對其他人的制約則太多了。

幸運的是，幾年後反貪腐運動開始放緩。在我的大學裡，我們開始感受到氣氛和緩了一些。我不必一一記下點了那些菜，才能報銷同仁聚餐的費用。而最讓山東省公職人員鬆一口氣的改變是，用餐時間飲酒的限制放寬了。我可以用公費報銷便宜的啤酒（我從來不知道官方政策是否改變，我也沒有去打聽）。餐宴又變得有趣、教師的薪資也增加了。我們感受到更多的信任和更少的恐懼。

在全國各地，因為貪腐受到懲處的官員愈來愈少，公職人員的道德教育則愈來愈受到重視，包括黨校為幹部開設更多儒家價值觀的課程。中國領導人的政敵會隨著更依賴儒家的自律要求遏止貪腐而減少，他們也可以放鬆一點，做他們應該做的事，也就是：為人民服務。[8]

第五章

「唯酒無量」

孔子和亞里士多德一樣，喜歡溫和的生活方式：「中庸之為德也，其至矣乎！」(《論語・雍也第六》，第 29 章)。除了一件事明顯的例外：「唯酒無量，不及亂。」(《論語・鄉黨第十》，第 8 章)。根據森舸瀾 (Edward Slingerland) 的研究，「孔子可以盡情飲酒，但酒後從不亂性，這個事實，即是他聖賢的標誌。」[1]孔子本人的自我評價比較謙虛；他只有到七十歲時才能「從心所欲，不踰矩」(《論語・為政第二》，第 4 章)，言外之意是他先前曾經踰矩，或許是因為多喝了幾杯。無論如何，孔子為山東省的儒門後人樹立了榜樣。正式宴會中肯定會有沒完沒了的敬酒場面，展現自己「酒量」的社會壓力也很強大。中國的人均酒品消耗量由山東人奪魁，也就不足為奇了。[2]

身為院長，請客吃飯是理所當然的事情。除了客人，老師、學生和訪客都有機會獲邀為晚餐的座上賓。有些晚餐比較正式，但座次形式則一：我這個主人坐在一張大圓桌的「上座」，就是面對門的座位，其他人則依據他們的社會等級圍坐在桌子四周。[3]這頓飯伴隨著頻繁的儀式型敬酒和幽默對話。在幾次集體敬酒之後，在地主人 (包括我自己) 通常會與每位客人單獨敬酒。其效

果是製造一種聯結感,等到晚餐結束時,社會等級也瓦解了。我承認這是院長的「工作」中,我最喜歡的部分。

當然,酒喝太多也有壞處。在不太「文明」的山東地區,女性經常在喝酒過程中受到不當對待:濟南發生過一起轟動一時的案例:一名阿里巴巴的經理遭指控性侵一名醉酒的員工。[4] 這個案例牽涉到「老闆」向員工敬酒時,員工很難拒絕;該女性下屬感到壓力以至於喝到茫然。就我而言,我不會對不情願的客人施加壓力。有些人對酒精過敏,有些人則不喜歡喝酒。不管理由是什麼,我都可以接受。但是社會壓力可能是自我誘發的。有一次,因為某個特殊原因,我邀請一些研究生吃飯慶祝。然而,其中一位學生因為酒量不好覺得難過。我告訴他沒有關係,他也不必跟上我們其他人的酒量,但他還是堅持要和我們同樂,結果可想而知,不甚愉快。他的酒量似乎有些「進步」,也就是說,他已經可以喝幾杯不會昏睡;雖然我並不覺得這是件值得驕傲的事。

整體說來,我很高興向各位報告,情況已經好轉了。山東依舊是中國最重家父長制的地區,但在山東的大學環境裡面,對女性有較多尊重。沒有人被迫喝酒。在正式宴會上,可以用水代替濃烈的「白酒」,和「真正」會喝酒的人互相敬酒。晚宴結束而沒有發生意外,在過去是無法想像的事情。大約二十年前,我第一次到訪山東省時,獲邀參加幾次宴會。不敢置信的是,開車載我回酒店的是那幾位喝得酩酊大醉的東道主。我能活到今天,覺得非常幸運;但許多酒後駕車的受害者就沒有這麼幸運了。過去,即使人們內心深處知道酒駕是不對的,還是會習慣性地忽視禁止酒駕的常規。但這種情形已經改觀。今天,就算街上沒有多少警力取締酒駕,人們還是會遵守那個嚴格的酒後不開車禁令。我們已經不需要再三提醒,酒駕是錯誤的;發生了什麼事呢?讓我們回到過去、瞭解更多。

在北京酒駕

中國較少人知道的一個奇蹟是，駕駛習慣即使還稱不上文明，也已經從可怕變成還算循規蹈矩。這個變化費了幾十年光景。1990 年代，汽車闖紅燈在中國首都仍然很常見，導致一定要有代表公權力的人（交警）在交通現場控制車流量，結果是交通信號燈幾無用處。那個快速現代化社會的住民，還沒有丟掉相信人、不相信科技的傳統習慣。馬路上的車子幾乎都在隨機變換車道，以至於騎自行車的人和走路的行人，只要從人行道踏上馬路，都得面臨死亡風險。掛政府牌照的高檔汽車是最惡劣的違規者，他們藐視法律、逍遙法外的行徑，往往激怒當地居民。理當執法的警車，為如何違法樹立了榜樣。

我 2004 年搬到北京時，情況改善了一些。駕駛者上路的經驗多，而且遵守交通號誌。交通很糟糕，因為污染導致天空霧濛濛的，因此，車速不可能過快（我承認我並不替塞在車陣中的法拉利感到難過）。幾年過後，為了響應習近平的反貪腐運動，公職人員被迫乘坐較為一般的汽車並遵守交通規則。警察（我還不曾見過女警察）會做他們應該做的事。安裝在主要路口的攝影機拍下違規車輛的車牌，讓駕駛人更加謹慎。然而，酒後駕車的習慣依然沒有改變。即使人們知道酒駕並不是什麼有面子的事，但是大家都這麼做，也幾乎沒有人覺得這件事不可對人言。另一方面，酒駕問題在過去幾年也得到了控制。他們是如何做到的呢？社會主義傳統和列寧主義式的政治操作的幫助並不多。我們必須回到中國最偉大的政治理論家荀子（公元前三世紀）的著作得到一些洞見。

大部分的觀點主張荀子是儒學的三位創始人之一（另兩位是孔子和孟子）。一般認為，荀子影響了法家，這點讓他的名聲受

損，但他的思想對東亞社會的實際政治操作面有很大的影響。他的著作清晰且有系統，也刻意避免對人性和社會的烏托邦假設。事實上，他從一開始就假設「人之性惡」（《荀子・性惡》）。[5] 如果人們順從自己天生之欲，索求無度必然相爭，「爭則亂、亂則窮」（《荀子・禮論》）。幸運的是，這不是他對人性看法的結論。因為「其善者偽也」，人們可以「藉由有意識的努力變得良善」（《荀子・性惡》）。他們可以學習抑制自己天生之欲，享受和平與合作的社會存在（social existence）利益。[6]

轉化的關鍵是「禮」（《荀子・性惡》）。[7] 透過學習和參與禮的儀式，人可以學會抑制自己的欲；人的實際需求與社會中可取得的物品間到達一個契合點，就會出現社會安寧和物質富裕（《荀子・禮論》）。禮形成的連結容許所有人都能分享社會存在的利益，不僅限於親屬關係。但是，禮究竟是什麼？荀子對禮的論述有七個特點：(1) 它是一種社會實踐（相對於只與一個人的行為有關的實踐）；(2) 它以傳統為基礎（相對於新發明的社會實踐）；(3) 它涉及情感和行為（相對於與社會規範心口不一；徒有空殼的禮，對荀子來說不是禮；(4) 它涉及不同的社會群體，在權力和地位不同的群體之間產生社群意識，強者和弱者因此都受益（相對於只涉及和替一個社會等級謀福利的社會實踐）；(5) 禮可以依照社會環境（social context）更動（相對於死守一些對人不再有任何意義的細節）；(6) 它有社會正當性（相對於社會不背書的實踐，例如犯罪幫派之間的血盟）；(7) 它是非強制的（與法律懲罰相反）。[8]

根據荀子的說法，最好的社會型態裡，禮是首要的、也是最重要的規範力量。它由一位「仁王」（王）領導，意即贏得民心、並根據能力和德行選擇官員的統治者。在國內，正確實踐禮加上確保和平與繁榮的有效政策，是成功領導的關鍵：「修禮者王，為政者彊」（《荀子・王制》）。在家裡樹立一個好榜樣是必需的，

但不足夠。仁王可以藉著將國與國之間的禮制度化而得到國外的民心：「將脩大小強弱之義以持慎之，禮節將甚文，珪璧將甚碩，貨賂將甚厚，所以說之者，必將雅文辯慧之君子也。彼苟有人意焉，夫誰能怨之？」（《荀子・富國》）。然而，政治現實主義者荀子承認，這種仁王少之又少。

次一等的國家是由「霸主」（霸）領導，他的德行不完美，但透過明確和一致的律法和命令執行領導，藉此贏得國內民眾和國外盟友的信任：

> 德雖未至也，義雖未濟也，然而天下之理略奏矣，刑賞已諾信乎天下矣，臣下曉然皆知其可要也。政令已陳，雖睹利敗，不欺其民；約結已定，雖睹利敗，不欺其與。如是，則兵勁城固，敵國畏之；國一綦明，與國信之；雖在僻陋之國，威動天下，五伯是也。非本政教也，非致隆高也，非綦文理也，非服人之心也，鄉方略，審勞佚，謹畜積，脩戰備，齺然上下相信，而天下莫之敢當。故齊桓、晉文、楚莊、吳闔閭、越勾踐，是皆僻陋之國也，威動天下，彊殆中國，無它故焉，略信也。是所謂信立而霸也。（《荀子・王霸》）

最糟糕的是由一個沒有任何德行的暴君領導的國家。他藉著揮刀舞劍來讓國內外的人民心生恐懼；他依靠軍事力量擴大版圖，並以嚴刑峻法使人就範。荀子說：「道德之威成乎安彊，暴察之威成乎危弱，狂妄之威成乎滅亡也。」（《荀子・彊國》），暴君必然沒有好下場。

簡而言之，統治者愈依靠非正式的禮產生的社群意識和社會信任，國家就愈成功、長治久安，人民就會過得愈好。一個統治者愈依靠律法和命令讓人民恐懼和孤立，國家面臨的國內外威脅就愈嚴重，受到傷害的人也愈多。但是請注意，即使仁王統治，

最成功的國家也不能完全沒有法律。有一種風險永遠存在，即人會成為性惡的犧牲品。就算聖王也需要律法和刑罰來對付這種人：「憂忘其身，內忘其親，上忘其君，是刑法之所不舍也，聖王之所不畜也。」（《荀子‧榮辱》）。仁王會盡其所能，以非正式的禮改善人的本性，但如果這麼做不起作用，就需要動用律法懲治惡人。一句當代中國諺語表達了荀子對法律與禮的關係的看法：「先禮後兵」，字面義是「先禮儀，後（軍事）武力」，但是意義略像是：最好用如禮等非正式方式建立社會和平、並產生對社會有利的結果；如果行不通，那麼動用於法有據的懲處作為第二種（或最後）手段是可以的。

　　現在回頭談談一個在中國發生的酒駕案例。大約十五年前，沒有人公開為這種行為辯護。在某種程度上，人們知道這是不對的。但是喝兩杯後開車上路的現象仍然很常見。在中國餐館裡，要是不為客人提供烈性白酒，可以說是非常不禮貌的舉動；[9] 酒愈烈愈好，酒精濃度五十三度的勝過微不足道的三十八度。醉酒的人開車回家，悲慘的後果可想而知。中國政府決定打擊酒後駕車，是因為數據在示警：嚴重的道路交通事故中，至少百分之二十與酒精有關。但是，以改變自私習慣為目的的教育活動顯然沒有效果。幾乎是一夜之間，當局進行頻繁的隨機酒測。剛開始的懲處不太嚴厲：違規駕駛處以罰款加上吊扣駕照三個月，[10] 但也沒發揮多少功能。然後，當局決定初犯刑度增加為處以拘留，加上對血液酒精含量零容忍，以及吊扣駕照六個月；打算繼續開車的人，則需要再上駕駛課，並通過道路駕駛測試和筆試。恐懼奏效了。最後，對酒駕的態度轉變了，變得普遍不喜歡酒駕。酒駕導致的死亡率在全國各地大幅下降，[11] 隨機酒測現在很少執行，幾乎可以說是多餘的。開車的人在餐館被逼一杯接一杯的情況已經不再發生；要是有人喝了酒，沒喝酒的朋友會主動開車送他們回家，如果沒辦法安排朋友代送，醉酒的人會打電話給代

駕，他們會帶著可以折疊放入汽車後車廂的小型自行車在餐館外等候。

簡而言之，政府試著用學習和禮馴服人的自私本性，如果這方法不奏效，接著就會以嚴刑峻法強制人們服從他們心裡也明白是具有社會效益的常規。最終，嚴刑峻法消除了常規與實踐的差距，政府也可以以道德自律而非嚴刑峻法作為降低酒駕事件的主要工具，但不會完全廢除以嚴刑峻法對付自私和危險行為的最後手段。要是荀子在世，他大概會這麼建議：最好的做法是靠各種非正式的節制方式去改變人的自私本性，如果無效，就採用強而有力的法律手段。[12]

我得自白，上述的思辨並非出於研究儒家理論的單純考量。我剛到北京不久，就通過了駕駛考試，考題中也嚴厲警告不得酒後駕車。原則上，我支持這些警語，但現實上，我經常喝了幾杯後開車上路，覺得這有什麼大不了的？最後，理所當然地，我酒駕被抓了。大約十年前的一個晚上，我和我（當時的）妻子邀請一位英國很有影響力、立場保守的報社記者在一家泰國餐廳晚餐。我們和一些朋友是餐廳的老闆，餐廳後面有一間專供老闆宴客的私人包廂房。那晚我們天南地北、無所不聊，坦率地談論中國政治的現況和未來。我有時候會妄自尊大，覺得這家餐廳是我們對中國公民社會的貢獻，類似二十世紀初期的維也納咖啡館，和二十世紀中葉巴黎的「存在主義咖啡館」。我沒有替餐廳做任何工作，但是我每星期五下午到餐廳，聽到「我的」員工稱呼我「老闆」時，感覺很好。然後他們會準備一杯超濃的雙份琴東尼。那天晚上我喝得不多，先是一杯份量照例的琴東尼，接著開了一瓶葡萄酒，三個人在幾個小時喝完。離開餐廳時後，我提議開車送那位記者朋友回到他向我們承租的公寓。在路上，我們被一名警察攔下，他給我做了酒測。那是反酒駕運動的初期，我不知道有這樣的隨機測試。第一次我沒有通過，我很驚訝，下車要求再做

一次測試。我在三個小時當中「只」喝了一杯 (雙份) 琴東尼以及幾杯葡萄酒，怎麼會沒有通過酒測呢？第二次，我照樣毫不費力地沒有通過測試。警察看著我也笑了。而我有種完蛋的感覺。警察說他必須沒收我的駕照。我認罪並懇求：「有沒有別的辦法？」同時擺出一副可愛又脆弱的表情。警察沒收了我的駕照。我問我沒有駕照怎麼能開車回家，他指著旁邊站著的一位代駕可以有償替我開車。我不得不支付五百元人民幣的罰款，加上三個月不得開車。

我回到車裡，坐在乘客位上，告訴那位記者朋友發生了什麼事。他說，他對中國的法治印象相當深刻。他注意到一台攝影機拍攝了我與警察的互動，這限制了任何賄賂的可能性。他曾在印度工作五年。他說在印度，外國人不太可能因交通違規而被攔下 (印度仍然有他稱為「白人特權」的現象)。幾天之後，那位記者在他的報紙上寫了一篇文章，詳細描述這次事件，並且令人驚訝地指出中國的法治 (有時候) 似乎比印度更嚴謹。這篇文章在北京的外籍人士社群中廣為流傳，我的幾個朋友也寫信給我。我的名字沒有曝光，但文章的細節指的就是我的方向 (有多少外國學者在北京開餐館？)。

返回山東

那大約是十年前的事了。我現在再婚了，在山東市郊過著比較收斂的生活，不再和記者到外面買醉。作為院長，我應該有責任感。然而，我確實有一次故態復萌。一天晚上，我和年紀比我小的「兄弟」K. 教授以及一些研究生在一家村裡的飯館共進晚餐。這是一場典型的山東餐宴，笑聲不斷、敬酒儀式沒完沒了，當然，喝的還是五十三度的白酒。晚宴畢，我們一行人跌跌撞撞地走出餐廳時，我和其他人道別後，拿出我的「車鑰匙」。K. 教授

想搶走我手上的鑰匙。我不讓他拿，反擊說：「沒事，我回得去的，不會太遠，不會碰到警察。」孔子第七十六代孫 K. 教授當著學生的面罵我。他通常會以儒家常規好言相勸，但他知道我會用「唯酒無量」那句話回應他。所以 K. 教授說：「我們是共產主義國家，我們為其他人服務。不要那麼自私；你還會傷害到別人，不止你自己！」我向他敬禮，想逗他笑，但他嚴肅得要命。我覺得很糟糕；這件事發生在我的學生面前，很丟臉。我怎麼可以這麼不負責任？我回過神來，把鑰匙交給我的高年級研究生。他打開我的車鎖，陪我和我的兩輪代步工具走回家。

第六章

在中國傳授儒家思想

孔子（公元前 551–479 年）——姓孔，「子」是尊稱——是政治家、哲學家和詩人。但他最受尊敬的角色是誨人不倦的老師。曲阜孔廟氣勢磅礴的孔子雕像上的「萬世師表」四個字。為什麼孔子（西方稱他為孔夫子）是師中之師？有幾個原因。他建立了中國歷史上最早的高等教育形式，收學生不分階級、也不計較家庭背景。他最著名的學生並非來自特權家庭。《論語》中最著名的語錄是「有教無類」（《論語·衛靈公十五》，第 39 章，任何人受教育不論出身或階級）。孔子很自豪他「自行束脩以上，吾未嘗無誨焉」（《論語·述而第七》，第 7 章）。孔子聲稱他僅止是「信而好古」（《論語·述而第一》，第 1 章），但他將「君子」的含義從具有顯赫家庭背景的貴族人士，改為具有高於平均水準的能力以及（尤其是）德行的表率。孔子的立場在他的時代是激進的：他的目標是挑戰家庭背景決定個人命運的想法。[1]

孔子不僅主張學生不論背景，受教育的機會都應該平等（不幸的是，在他的時代，女性沒有受教育的機會），更明確指出他的教學目的：除了傳授知識，更重要的是培養有能力、有意願為

公共利益服務的表率。教與學的過程，是師與生在尊重和相互欣賞的基礎上，可以維繫一輩子的關係。孔子還開發了一種獨特的教學方法：他根據個別學生的需要量身定製教學內容。有人問孔子，為什麼兩位學生提出一樣的問題——一個人是否可以將學到的東西立即付諸實行——他卻給了兩個近似矛盾的答案時，他回答說：「求也退，故進之；由也兼人，故退之。」（《論語·先進第十一》，第 22 章）不同的學生需要用不同的方式督促，這有助解釋孔子對於仁是什麼（西方翻譯「仁」這個詞的意思有愛、人道、慈悲、恩典和一種權威行為等各種意義）這個問題，給了這麼多不同的答案。第一次閱讀《論語》(孔子過世後很久，由他的學生整理編成的語錄) 的人，常常因為語錄看似零散的結構感覺困惑，更無法理解這麼一本沒有中心論證，但是有不少活潑格言的小書的重要性何在。[2] 但是，如果把《論語》當做某一齣需要讀者拼湊的後現代 (或前現代) 戲劇 (的對白)，由孔子和各有不同需求與興趣的學生對話，它就活過來了。我建議第一次閱讀《論語》的讀者，先瞭解每個學生，才會更理解孔子為什麼會說那些話。[3]

要說孔子教學方法的重點是什麼，那就是教學必須密切注意每位學生的特殊之處，以及師生之間要經常你來我往地論辯。在西方，孔子素有呆板乏味的老「師父」之名，他對門徒傳揚真理，門徒則盲目地接受老師的教誨。其實，孔子不認為對待學生一視同仁、不給他們質疑的機會，就可以讓學生進步。老師也可能是錯的。即使老師的工作是教書，是通常話說得比較多的那一方，這並不意味對話不是雙向的。教學要有成效，教師必須瞭解每個學生的獨特之處，這需要在不同的環境下長時間互動。教學實務上，這代表理想的教學活動應該在小空間中進行，教室應該是小規模的，每位學生都有機會以自己的方式進步，並在正式課堂環境內外與老師互動。[4]

教書與喝酒

　　這不是一件容易的工作：孔子應該有三千名學生，但理解和實踐他的教誨的只有七十二人。孔子理想的追隨者心目中的成功率，也差不多是這麼低。我也不例外。我先在蘇世民書院（Schwarzman College）以系統化方式教授儒學。這是一所中美合資的學術機構，2016年正式成立，屬於清華大學的一部分。在此之前，我在清華大學哲學系教政治理論。我可以結合一些儒家經典到我的政治理論課程，但儒家思想教學絕大部分保留給受過中國哲學訓練的教授，他們可以用中文向中國學生教授儒家經典。作為西方人，我應該專注在西方政治理論。但蘇世民書院是以英語授課的教育機構，百分之八十的學生是外籍生，所以我得到一個用英語教授儒家思想的機會；這是教授中國政治文化課程的一部分，由我與中國最優秀的思想史學家W.教授共同授課。然而，問題在於我們的課是四門核心課程之一（學生必須在四門課程中選擇三門），幾乎每個學生在第一年都選擇我們的課。如何對著來自不同學術和文化背景的一百多名學生教授儒學呢？

　　為了讓學生更感興趣，我們決定將課程的教學部分以兩位教授辯論的方式呈現。W.教授的研究旨趣和我不同，他更注重歷史、懷疑儒家思想能夠引導世界走向。所以，我們上課時，會反覆評論、批判彼此的想法。我們以辯論方式設計課程：儒家相對於法家或儒家相對於共產主義等等。我們從蘇世民書院的巨額贈款中幾乎無限制地汲取經費，邀請國外的傑出學者，提供更多元的教學觀點。但如果我們希望根據每位學生的興趣和不足，量身定做教學內容，就像孔子一樣，該怎麼做呢？當課程進入討論階段時，我們將全班分成四組，雖然每組人數仍然太多（大約二十五名學生），無法真正瞭解個別學生。但我們可以做得更多。兩位博古睿研究院（Berggruen Institute）贊助的國外女性儒

家學者到我們班上演講，並針對對《論語》有興趣的學生組織了幾個人數較少的（自願參加的）討論小組（這是一種表明現代儒學不僅適用於男性的明確方式）。我組織了兩個人數較少的（也是自願參加的）小組，從儒家傳統討論儒家經典。一個以中文進行，另一個英文組是提供給不善於閱讀中文和說中文的學生，讓部分學生有更長的時間互動。我指導了幾篇以儒家為主題的論文，並和一些有天分的學生進行較長時間的討論；我可以溫和地督促這些學生，以不同的方式幫助他們進步。[5]

蘇世民書院真正與眾不同之處是，它提供了課堂外與學生互動機會。仿照羅德學者（Rhodes scholars）的做法，書院的學生也稱為「學者」。他們住在學院裡，學院提供免費食宿給修習一年制碩士學位的學生。教師也可以住在學院裡。我在上課時間比較密集期間，在學院裡住了兩個月；也和學生一起吃飯，透過非正式聊天更加瞭解他們。我還和學生一起在學院的小酒館「追夢康吧」參加慶祝活動，師生情誼因而更為長久。我們還可以利用資源安排到外地旅行。我在一次週末帶了全班從北京搭兩個小時的快車到曲阜一遊。我們參觀了孔廟和其他孔子或儒家的景點。我那位孔「兄弟」——他隔年就要加入我在山東大學的學院——擔任導遊，並自豪地告訴我們這些遊客，他過世後將會安葬在孔家的家族墓地。一天的觀光行程結束後，我們辦了一場豐盛的晚宴。我在每張桌子上擺了一瓶濃烈的孔府家酒。[6]我根據白天的旅遊見聞安排了一個非正式猜謎遊戲，獎品還是一瓶烈酒。不出所料，飲酒很快就失控了。我為了控制現場，提問的問題一個比一個主觀（例如，你今天看到的最美麗的東西是什麼？），並設法讓獎品落到幾位西點軍校畢業生圍坐的桌上，設想他們會比較有紀律；[7]但是得獎讓他們大唱美國國歌，激怒了一些中國學生。飯畢，我們各自離去，大多數學生跌跌撞撞地去唱卡拉 OK；我帶著幾位中文說得很好的學生與孔氏後裔和他們的當地朋友一起

續攤，又吃了一頓飯、再喝了一輪酒。第二天，我們和孔家舉行一場足球賽。儘管蘇世民學者還在宿醉，比賽還是踢成一比一平手。各方因此都保留了面子。

回想起來，那次曲阜之行既是我教授外國學生儒學經驗的高峰，也是低谷。一方面，對參加的蘇世民學者來說，那次旅行是難忘的經歷：他們永遠不會忘記在孔子家鄉與孔氏家族後裔踢足球。但是，關於「唯酒無量」繪聲繪影的說法又出現了。不喝酒的蘇世民學者會有什麼感受呢？我們班上確實有一些學生是穆斯林。萬一有學生傷害自己或出現不當行為該怎麼辦？當時蘇世民計劃才剛起步，要是真發生這種事，聲譽必然受到重創。接下來幾年，蘇世民計劃受到更嚴格監管：停止提供到曲阜的校外教學資金、開始執行禁止學生和教師一起飲酒的限制措施、那門課降級為選修課、兩位教授也因為教學時間減少，無法再互相辯論。[8]或許我可以這麼安慰自己：就算生動演出的儒家思想可能沒有引領道德水準提升，至少參與的學生親身體驗了儒家思想的實境。

無論如何，我於 2017 年 1 月獲任命為山東大學一所學院的院長，取得了教授中國學生儒學的機會。任命我的主因是我承諾會繼續對我的儒學學術研究戮力以赴，我也就可以設計自己的儒學課程。我的學術漢語進步，可以用漢語教中國學生了。現在我可以控制修研究生課的學生人數。我限制人數為十二位學生，並決定我們討論荀子的政治思想。我認為，荀子（約公元前310–220 年）是儒家傳統最偉大的政治理論家。他生活在戰國末期，即中國歷史上最血腥的時期，但他仍然設法從其他傳統中汲取見解，並提供身處不同背景的公職人員明智的道德指導，從而整理出一部原創、有系統的著作。我的學生都已經熟悉荀子思想的基本知識，而且他們都早就會背誦荀子著作的開篇章〈勸學〉，因為那一章是準備全國大學升學考試（高考）必讀的文章。我

決定，我們要閱讀闡明不同類型公職人員不同義務的篇章：〈王霸〉、〈君道〉和〈臣道〉，而且要一行一行地細讀。

　　以下是我為了瞭解每個學生的個性、或至少能確實認得出他們的長相的準備工作。在專題討論之前，我要求學生根據當週的閱讀內容準備六個問題或評論：兩個是他們同意的段落和原因，兩個是他們不同意的段落和原因，兩個是他們不太理解的段落。這樣我就或多或少地知道，每個學生對這些篇章內容的反應，我也可以根據他們的興趣和困惑搭建討論框架。我會讓不同觀點的學生互相對立（以禮貌的方式，問 X 學生：你似乎不同意 Y 學生的看法；為什麼？），並讓他們說出（如果沒有解決的）歧見何在。這種教學策略不僅鼓勵全員參與，還能看清每個學生的特性；如此，我就能根據每個學生的需要和興趣教導他們。為了打分數，我要求他們提交一篇關於荀子政治思想的長論文（整體來說，學生的文章非常優秀，和我在排名第一的清華大學裡教過的學生大多數文章相比，如果不是更好，至少平分秋色）。專題研究結束後，我帶學生到山東南邊的蘭陵，參訪荀子墓（蘭陵古墓）。我的山東大學院長身分，在安排與山東地方官員會面這件事上幫了一點忙。接待我們的蘭陵黨幹部在談話時，嘆息 1530 年[9] 荀子遭到罷祀（荀子在近四百五十年前的 1084 年[10] 入祀孔廟）、剝奪其聖賢地位的決定，這意味著荀子已被逐出孔廟。東道主辦了一個盛大宴會接待我們；我發表一個演講，叮囑我的學生幫助偉大學者荀子獲得官方平反。[11] 這次餐宴用蘭陵白酒助興，我得以觀察我的學生受到當地「真相血清」影響下的行為（他們也可以觀察老師）。這並不必然是我在山東省境外會推薦的教學策略，但那次的專題討論是我最接近孔子教學理想的一次。

背叛師門的學生

儒家的教學理念，不僅是要幫助有才華的學生進步，而且要
發現有潛力超越老師教誨的學生。用孔子的話說，就是：「後生
可畏，焉知來者之不如今也？四十、五十而無聞焉，斯亦不足畏
也已。」(《論語・子罕第九》，第 23 章)。如果儒家思想是永無止
境地追求自我進步，它應該意味著傳統會隨著時間推移而進步，
加上青出於藍而勝於藍的學生，將儒家思想推往更新、更好的方
向演進。無論如何，理論是這麼說的。我的印象裡，很難想出
有學生曾經超越任何一位偉大的儒家傳統思想家 (孔子最喜歡的
學生顏回還來不及替後代子孫發展和實踐孔子思想之前就不幸去
世，享年僅三十二歲)；但是，想到那幾個行徑相反的學生卻很
容易：他們不只沒有以老師的教誨為基礎自我發展，反而想方設
法摧毀它。最著名的例子是荀子的學生韓非子，他接受老師關於
人性本惡的假設，但拒絕認同人性可以改善的可能性。荀子倡導
治理社會首重非正式的禮，韓非子則主張建立一個由嚴刑峻法統
治、目標不是造福人民，而是國力強盛的準極權國家；而質疑這
種政治計劃的儒家追隨者都是麻煩製造者 (如他的老師荀子)，
理應處死。[12] 在西方傳統中，(虛構的) 雷同情形可能是霍布斯
(Thomas Hobbes) 的一位學生將《利維坦》(*Leviathan*) 國的觀念
延伸到更可怕的方向，卻沒有提到整件事的最終道德目的是保護
生命權。要是學生耍無賴，老師有多少責任，是可以辯論的題
目；但是，荀子因為孕育了像韓非子這種學生，糟蹋了自己的名
聲則是事實；這點也有助於瞭解他的地位在廿二個世紀之後仍未
完全平反的原因。

為什麼學生要轉而反抗自己的老師？這可能與儒家傳統對教
師的深切期望有關。老師不僅要教育學生，還要成為道德榜樣。
如果老師讓學生失望，學生可能會批判老師。但也許還有更深層

的因素。在儒家傳統中，最好的老師不僅如師、還得如父。他除了教育學生，還必須澆灌以愛和關懷。然而，正如弗洛伊德（Sigmund Freud）提醒我們的，這種情感會導致接收方產生不健康的無意識慾望。我曾和一位也許有俄狄浦斯（Oedipus）情結的學生相處的經驗，但我不會在本書中說這個故事，因為，太讓人難過了。

第七章

共產主義捲土重來

2008 年，我出版了一本書，宣告馬克思主義意識形態在中國已經窮途末路。[1] 馬克思主義作為一種激勵人心的價值體系已經死亡。在中國，很少聽聞貨真價實的思想家公開捍衛馬克思主義，以它作為一種指導現代世界的意識形態。中國共產黨似乎只是名義上的共產主義，它愈來愈強調「中國特色」，意即致力務實變革、以及中國自身的文化傳統，如儒家思想。我當時預測中國共產黨（Chinese Communist Party, CCP）很快就會改名為「中國儒家黨」（Chinese Confucian Party, CCP）。

諷刺的是，在這同時，中國的馬克思主義傳統在官方和非官方的圈子裡也捲土重來。這股潮流始於 2007 至 2008 年全球金融危機後，中國學者開始關注馬克思對資本主義的批判，以瞭解各地的市場化社會（market society）出了什麼問題。2012 年起，習近平重申中國共產黨的馬克思主義本質，並用嚴厲手段壓縮資本主義的過度行徑。在「共同富裕」的口號下，政府大力消除絕對貧困、縮短貧富差距。這種類似馬克思的初級階段共產主義「從量力而為，到盡其所能」的理想，[2] 意味辛勤工作會獲得回報，勞工也不會因為社會和經濟機會不平等而處於不利的地位。目標不

是收入平等分配（或如進入高階共產主義時，會實施依照需求進行分配）。而是所有公民在起始點的平等，讓他們都有機會能夠努力工作就獲得回報。[3] 採取的手段包括：運用反壟斷措施對抗大型科技公司，戳破房地產泡沫，打擊提供線上和線下課業輔導的私營企業。[4] 捍衛自由市場的人士擔心上述措施，會削弱推動中國經濟活力的企業家精神；[5] 但政府似乎準備好承擔風險。無論人們對於為了實現「共同富裕」採取的各種手段作何感想，都很難對政府實現共產主義的承諾有所質疑。套句儒家的話，中國共產黨已經「正名」了，現在黨的行為更呼應黨名的真義。[6]

　　這種更明確表態支持共產主義的現象在學術界也很明顯。幾年前，我還一度替中國研究馬克思主義的人才惋惜，因為外界經常認為他們缺乏從事嚴肅學術工作的才能，是一群二流學者。今天，許多有潛力的學者選擇進入馬克思主義學院享用豐富資源。學生也是如此。1980 年代時，有學業天賦的學生很少入黨：他們不願投入馬克思主義，而是在黨組織外尋求發展自己的才能。時至今日，成績優異的學生爭相入黨，申請學術職位的黨員在履歷中自豪地提及與共產黨的各種連結。我的學院裡有一個科學社會主義系。不久前，這個系在眾人眼中還是看了有些尷尬的過往遺跡。中國所有其他大學在改革時期都撤銷了類似系所，但我們沒辦法這麼做，因為我們學院的創始人 Z. 教授決心保全它。[7] 今天，我們可以自豪地說，我們是中國唯一一設有科學社會主義系的大學，我們的學生畢業後在中國的一流大學攻讀研究所課程。在我擔任院長的第二年，我和其他院長與優秀的大學管理階層一道參加了一次大學階層的年會，目的是總結該年度這個學院的成績。我一開始不知道該如何進行報告，因為所有其他院長的開場白，都在表態他們服從黨的領導或支持社會主義的願景。要是在幾年前，我才不會理會這些「宣傳」，而我做夢也沒想過，有朝一日，我會處於不得不說類似的話的位置。但橫豎我人都在這

裡了；我半開玩笑地說，我還不是黨員，但我支持共產主義的理想。沒想到，笑聲伴隨著持續而且真誠的掌聲；那幾句話讓我特別得到表揚。

西方觀察家經常將共產主義復甦歸因於習近平基於個人因素的全力投入。例如《紐約時報》是這麼說的：他念茲在茲的是「以他的形象重塑共產黨的歷史」。[8] 從馬克思主義的角度看來，也可以解釋為習近平忠實地遵循了卡爾・馬克思歷史理論的關鍵要求。正如鄧小平當年認知中國在共產主義的道路上前進時，必須經過資本主義階段以開發生產力，但現在，回歸共產主義道路的時候到了。

馬克思認為，資本主義的生產方式僅僅把工人當作生產過程的工具，而科技可以達成讓少數資本家致富的目的。[9] 但是，馬克思認識到資本主義的一個重要優點：它開發生產力的成果——科技和運用科技的知識——大於過去任何經濟體系。原因是資本家為了獲利而相互競爭；因此，他們有誘因開發更有效的方法生產商品，創造大量的物質盈餘。而共產主義如果沒有這些物質盈餘就無法實現。

在馬克思主義的框架下，整個醜陋過程的道德意義，在於將廣大人類從苦力勞動的需求中解放出來。技術將高度發展，而在某個時間點——革命的時刻——私有財產將遭到廢除。製造機器的目的，是為人類的進步、而不是為了一個小階級的私利。技術將會進行滿足人們生理需求所需的骯髒工作；最後，人們可以自由地釣魚、讀書、和創作呈現美感的作品。

馬克思主義詮釋中國歷史並不是虛幻地重建過去。鄧小平的名言是黨要「讓一部分人先富起來」，至於其他人，本來是要在黨的領導下隨後富起來的。中共黨章明確規定，「黨的最高理想和最終目標是實現共產主義。」[10] 中共從未放棄經濟權力的終極楨

桿：中國「私有」房屋所有權僅限於七十年的租約，這意味著如果需要實現一個真正平等的共產主義社會，私有財產可以（也應該）在未來某個時間遭到沒入。中國最有影響力的政治理論家王滬寧——他曾擔任前國家主席江澤民和胡錦濤的顧問，目前是中共中央政治局常委 [11] ——的著作，即深受這種戮力達到「高階共產主義」的承諾影響。習近平本人則援引馬克思的歷史理論：「馬克思揭示人類社會最終走向共產主義的必然趨勢，但它會經由歷史階段到達目的地。鄧小平同志說，社會主義是共產主義的初級階段，而中國正處於社會主義的初級階段，也就是尚未開發階段。依照這個判斷，他推動了改革開放，取得歷史性成就，迎來一個新的世代。我們已經擁有實現新的更高目標的雄厚物質基礎。」[12]

用馬克思主義的語言解釋，中國似乎正在過渡到「無產階級專政」，即「低階共產主義」的政治上層建築。馬克思主張，各國需要在資本主義和更高階的共產主義這兩個歷史階段之間經歷一個「無產階級專政」階段。專政的目的是撲滅「資產階級殘餘」、並確保人們在實踐技能和理論技能兩方面取得培訓的必要手段，進而使共產主義社會「全面發展的個人」（fully developed individual）得以蓬勃發展。但專政是短期的。馬克思預言國家最終會在更高階的共產主義中「消亡」：機器進步最後可以生產人類需要的所有商品，隨著我們可以得到我們認為適合發展多方面才能所需的方式，我們最後都會獲得真正的自由和平等，資源也將根據需要分配，不需要國家強制保護統治階級的利益（因為屆時不會有統治階級）。在馬克思看來，歷史的終結是一個無政府主義社會，秩序可以不依靠任何強制力就能得到保障。[13]

官僚專政

　　十九世紀的無政府主義思想家米哈伊爾・巴枯寧（Mikhail Bakunin）指出卡爾・馬克思歷史理論的一個深層問題。巴枯寧同意馬克思對資本主義的批判以及他關於沒有國家的無階級社會的理想，但他強烈反對無產階級專政：「如果你賦予最熱切的革命者絕對權力，一年之內他就會比沙皇更惡劣。」[14] 也就是說，在廢除資本主義和建立無階級共產主義社會間的過渡階段，那些前無產階級人士將會奪下政權，成為堅決抵制挑戰其權力的獨裁統治階級。這個統治階級會發展為一群根深蒂固、自私自利、為自己而不是為人民服務的官僚：他們會「從國家的高度，蔑視一般勞動工作者的世界。他們不再代表人民，只代表他們自己以及那個裝模作樣的人民政府。任何懷疑這一點的人都對人的本性一無所知」。馬克思表示他知悉巴枯寧的評論，並在筆記本中記下他自己的回應：「要是巴枯寧先生對經理一職在勞工合作經營工廠的角色略有所知，他描述的那些誰掌控誰的夢境囈語都可以一股腦兒見鬼去了。」我們暫且接受馬克思的假設，即無產階級經理都能擺脫權力慾望，勞工合作工廠都得以有效運作。但是，規模更大的群體如社會，如何選出善心的無產階級專政者？這些專政的獨裁者最終又如何引導自己下台呢？巴枯寧問道：「也許，整個無產階級都會站在政府這一邊？……德國大約有四千萬人。這樣說來，這四千萬人每一個都會是政府成員嗎？」馬克思回答說：「當然！整件事都是從公社自治開始的。」如果有必要，選舉將不具有政治性質：「選舉是一種存在於俄羅斯最小的公社與村社（artel）的政治形式。選舉的性質並不取決於這個名字，而是取決於經濟基礎，即選民的經濟狀況；一旦選舉不再具備政治功能，就會出現：(1) 政府沒有職能，(2) 一般職能分配已經成為商業事務，沒有人可以掌控，(3) 選舉完全與當前的政治性質無

關。」[15] 至於這種目的是選出不掌控任何人的領導者的非政治選舉，應該如何運作，馬克思並沒有明確說明。

馬克思關於「無產階級專政」短期可行、長期可有可無的觀點，並未得到歷史的支持。這個結果並不意外。相反地，巴枯寧的預言實現了：革命者一旦接管國家，他們就成為新的統治階級。中共雖然把「無產階級專政」這個形容後資本主義社會的術語改成「社會主義初級階段」，問題依然存在：一旦國家變得富裕到沒有人需要靠工作謀生、每個人都可以自由發揮創造力的時候，政治統治階級應該如何引導自己脫離權力？大衛‧史塔薩維奇（David Stasavage）認為，中國長達兩千年的複雜官僚制度降低了向民主過渡的可能。[16] 此外，因為政治文化在中國居於主導地位，使得中國向共產主義無政府狀態過渡的可能性更低；更不用說官僚統治在改革時期會更加根深蒂固。隨著國家經濟情況愈來愈複雜和社會愈來愈多元，人民對官僚主義和專家統治的需求變得更緊迫。因此，從 1970 年代後期的經濟改革以來，中國重新建立了強大的官僚統治型態也就不足為奇。根據教育水準、競爭激烈的考試和政府基層進行的績效評估選擇出來的行政人員愈來愈多。今天，世界上最複雜、侵入性最強的官僚機構就在中國；而且隨著時間的推移，人們比以往任何時候都更難想像「國家的消亡」。相反地：有些評論家擔憂中共利用大數據和人工智能（AI）監控社會批評聲音，而成為「無懈可擊的警察國家」。[17]

但是，讓我們假設中國共產黨是真心誠意地朝著進入更高階段的共產主義為目標努力，而且希望以多一些人道、少一些鎮壓的方式走到這個階段；同時，中國官員也或多或少同意，在中國接近「更高階段的共產主義」的目標時，就必須解散。我們還是必須提出這個問題：只要美國等其他大國維持資本主義的生產關係，以及一種敵視共產主義的政府形式，中國的安全狀態會發生什麼變化？正如馬克思的認知，高階共產主義要成功，必須是全

球性的：「根據經驗，共產主義只有在『所有』受統治人民同時採取『一致』的行動時才有可能成功。而發生這種情況的前提是全球生產力到達一定水平，世界各處的發展都與共產主義密不可分。」[18] 而根據經驗，共產主義似乎不會成功。

　　也許我們需要的是更多想像力。過去幾年間，中國政治思想家的圈子中，再度出現一股將更高階段的共產主義理想作為理論興趣來討論的風潮。[19] 主要原因是人工智能可以為實現這個理想提供物質條件。短、中期看來，人工智能可能會導致數百萬工人失業，導致貧富差距惡化。然而，長遠來看，人工智能造福人類應該是可能的。屆時，枯燥乏味的工作可以交給聰明的機器，生產出帶給人類福祉必需的貨品和服務；而人類將可以不受桎梏地透過有意義的、和能夠擴大眼界的勞動，實現他們的創造本質。馬克思本人預見用先進機器取代勞工從事苦差事的可能性。[20] 但科技樂觀主義必須因為事情可能出錯而需要節制。馬克思沒有預見一種可能，即智能機器最後甚至可能比「全面發展的個人」更聰明，而出現人類可能被機器主人奴役的風險。正如尼克·博斯特羅姆（Nick Bostrom）所說，超級智能能夠發展到對人類生存構成威脅的程度。[21] 由於屆時可能出現惡意人工智能，在這種情形下，若還寄望國家消亡，可以說既魯莽又愚蠢。強大的國家總有必要確保 AI 不會顛倒人類與機器的等級，即人類在上位而機器在下位，或者至少延長我們掌控的時間，盡可能愈長愈好。[22]

　　即使 AI 戰線傳來的都是好消息，也很難想像國家會消亡。應對大流行病和氣候變遷可能需要一個強大、而且能帶來成效的國家。[23] 我當然希望能夠廢除核武器，但在尚未實現這個理想前，我們同時還需要管制核武器，管制的法規也需要靠事權單位執行。再者，總有一些稀少資源需要公平分配，而且，和馬克思描述的情形相反的是，如果沒有法的強制性當後盾，這種「商業」問題不可能以非政治化的方式來決定。在哲學家戴維·查爾莫斯

（David Chalmers）的設想中，未來大部分時間，我們都在虛擬現實中過日子；因此，我們都可以住得起濱海別墅，因為數位商品的成本微不足道。[24] 但是，誰會得到那瓶三十年的茅台？如果有選擇，我基本上懷疑我的山東酒友會滿足於擁有一瓶珍貴的數位酒。

走向儒家共產主義

簡而言之，國家不會、也不應該消亡。我們應該停止幻想中國官員最終會認為自己的存在是多餘的。正確的問題是如何增加公職人員有效地替公眾利益服務的可能性，以及如何減少不當挪用公共資源替私人利益服務的可能性。在這點上，馬克思主義傳統幾乎沒有貢獻（自由主義傳統也沒有），[25] 但儒家傳統擁有豐富的資源。儒家學者，不論流派為何，向來都主張需要水準以上、才德兼備的公職人員，並就培養公職人員和限制其權力的適當方式爭論不休。漢代經典《禮記》談論儒家的政治理想「大同」，聽起來隱約就是共產主義：故人不獨親其親，不獨子其子；矜寡孤獨廢疾者皆有所養；貨惡其棄於地也，不必藏於己；力惡其不出於身也，不必為己。這種理想在兩千年後啟發了毛澤東。但是，即使是這樣的政治烏托邦，也強調需要選擇才德俱優的公職人員（選賢與能）。[26] 因此，中國共產黨的官方學校如曲阜的政德教育學院，為了致力減少腐敗、並灌輸熱心服務公眾的工作倫理，而增加了公職人員修習的儒家經典課程，並非巧合。

我的結論是，中國政治的未來很可能受到共產主義和儒家思想的雙重影響。那麼，中國共產黨是否應該改名呢？以典型的中國務實風格，可能會以新增一個名字的方式解決這個問題，就像位於北京的「中央社會主義學院」在 1997 年另增新名「中華文化學院」，以反映該校辦學開始逐步關心弘揚中華文化。該學

院在不同環境使用不同的名稱，中國共產黨也可能如此行事。由於「共產主義」這個字在西方（尤其是美國）經常引發莫名恐懼，或許中共與西方人打交道時可以自稱「中國儒家黨」（Chinese Confucian Party, CCP），在國內則續稱中國共產黨（Chinese Communist Party, CCP）。

第八章

審查：正式與非正式

約翰‧密爾的《論自由》（*On Liberty*）於 1859 年首次出版，是有史以來替言論自由辯護最具影響力的著作。鮮為人知的是，比起國家審查，密爾更憂心「輿論」的力量。正如密爾所說，輿論的暴政「比許多種類的政治壓迫更讓人生畏；雖然如此嚴厲的懲罰並不常見，但是能擺脫這種懲罰的路徑更少，而且它更能深入生活細節；此外，它奴役的對象是靈魂。」[1] 沒錯，密爾寫下這段話的時候，英格蘭還處於維多利亞時代，而我們這個時代可能不那麼循規蹈矩。但這個問題還是值得一問：密爾的擔憂在今天是否仍然存在？我經常撰寫並發表以中國政治為題材的文章，經驗不少。我的心得是，適用與否取決於具體情況。就當今的情況來說，密爾對西方的看法是正確的，但用來評價中國，可就錯了。

在中國，國家下重手執行審查制度是最大的問題；而且，這種情形逐漸見怪不怪。過去幾年來審查的情況愈來愈嚴厲。2015年，中國教育部長袁貴仁呼籲各大學強化馬克思主義意識形態，「絕不能讓傳播西方價值觀念的教材進入中國高校的課堂。」[2] 表面上看來，這種規定是荒謬的。這意味著不僅要禁止約翰‧密爾

和約翰・羅爾斯（John Rawls）的思想，還要禁止馬克思和弗里德里希・恩格斯（Friedrich Engels）等思想家的思辨內容。

反對西方價值觀影響的聲明與中國高等教育的實況互相矛盾。自1980年代以來，反對外國干涉的運動一再發生，但發展趨勢卻始終如一：與西方大學建立更多國際聯結，教授聘用和晉升，更多考慮學術成就與表現，更少政治意識形態，以及各種博雅教育模式的實驗。在我的學院裡，學術委員會根據學術成就遴選和晉升教授，很少政治考量干預。[3]當然，政府可以扭轉這些趨勢，但國家領導人非常清楚，現代教育體系需要盡可能向國外學習。

就我而言，我在中國大陸教授政治理論近二十年——清華大學十三年，然後山東大學六年——我依然覺得課堂上享受自由的經驗既愉快又有驚喜。[4]我發覺，經典作品與當代政治科學和政治理論作品相比，較少受到審查。我也發現審查英文著作不如審查中文作品那樣嚴格。[5]我依然維持討論政治敏感話題的習慣；若是官方也照常嚴格執行禁令，我教課的大部分內容都會劃到「禁止」那一類。我在山東大學時，一直開一門給大學部學生選修的進階政治哲學課。我的教學大綱是這麼寫的：

> 本課程的目的是概要介紹政治哲學的主要原則。政治哲學史，無論是在中國還是在西方，都是一部對立政治價值觀的辯論史：個人自由重要、或是命運共同體比較重要？平等或是階級制度？民主政治或是賢能政治？民族主義或是世界主義？中國與西方各思想家依據各自的政治理想和美好生活願景，排列出這些不同價值觀在他們心目中的先後次序。這些政治價值觀在不同的時代和地點反覆出現，到今天依然爭辯不休。本課程將討論在政治思想史上，這些對立的政治價值觀引發的支持與反對立場中一些比較有影響力的論證。

我這門課已經成為雙語「大規模開放線上課程」[6]（我用英語討論西方思想家，用中文討論中國思想家；並以兩種語言分配作業）。[7]在課堂上，學生們說出他們的想法，就像他們在任何一所西方大學上課一樣。我盡可能以最好的方式介紹偉大政治理論家的思想，並讓學生相互辯論它們的價值。[8]如果那堂課討論密爾的《論自由》，我會盡量找出最好的言論自由範例；在討論孔子的《論語》課上，我也會為和諧的價值做同樣的事。中國和西方一流的思想家，不論他們的政治觀點為何，我都會邀請他們到我的課上客座演講。在清華大學，我邀請了英國重要的自由主義思想家提摩西・艾許（Timothy Garton Ash）就密爾捍衛言論自由的議題發表演講。好消息是我的教學幾乎完全不受政治干預。但是，唯一的例外發生在 2004 年，我剛到北京不久的時候。我想教一堂關於馬克思主義的課程，但學校告訴我這想法行不通，因為我的解釋可能與官方意識形態不同。人權和民主可以教，但馬克思主義不行。最後，我學會了課程名稱中不用「馬克思主義」這幾個字，以避開學校的限制。[9]

研究工作面對的挑戰就更嚴厲了。我的學院裡的年輕教授抱怨，他們以中文出版研究成果的限制愈來愈多：例如，幾年前，與社會抗議或勞工權利相關的研究，原本可望通過審查，現在卻不能在中文政治科學期刊上發表。[10]審查中文著作時原本複雜、微妙的方式，變得愈來愈沒有章法，一整本書因為一些「敏感」段落就禁止發行的例子所在多有。[11]對我們這些用英語寫作的人來說，審查員不會干涉；一旦作品譯成中文，他們會馬上展開行動。我的書《中國新儒家》的中文譯本原定於 2008 年出版，但他們告訴我，因為中國要主辦奧運，所以無法出版：當全世界都注視中國時，任何關於中國當代政治的評述，不管多沾不上邊，都無法發表。2009 年是中華人民共和國成立六十週年，又是「敏感」的一年。2010 年初，上海即將主辦世博會，成為這本書再次延期

出版的藉口。出乎意料的是，在 2010 年秋天、剛好政治上「不那麼敏感」的那一小段期間，這本書終於出版了。

最近，審查制度開始加強力道了。這次的主因是習近平主席發起的反腐運動，製造出一波懷有強烈動機、以破壞現任領導的真正威脅。[12] 因此，政治出版品受到的限制比以往更多，就算非常學術的書也一視同仁；我在亞馬遜網站上訂購的書，就曾遭到海關沒收。長期以來，我一直靠虛擬私人網路（virtual private network, VPN）上《紐約時報》網站和使用 Google 學術搜尋服務，但審查人員一直在阻止透過 VPN 上網。擅長科技的學生幫我繞過網路阻礙，但這是一場貓捉老鼠的遊戲，而且，愈來愈聰明的是貓。我的心情好壞幾乎就是隨著上網難易與否而改變；最近我的心情經常低落。

諷刺的是，在我蒐集材料，準備撰寫 The China Model（《賢能政治》，一本大體上正面描述中國政治制度基本原則的書）的時候，有一段時間甚至連上網都很困難。我只好離開中國幾個月，在國外上網、蒐尋需要的資料以及在中國無緣得見的中、英文禁書，才能將我的論點發展完備。最後，那本書獲得出版中文版的機會，但是，我拿到編輯給我一本厚厚的小本子，裡面密密麻麻都是審查意見；那位編輯說，這是她看過最厚的審查意見本。我倆以極大的耐心以及一些戰略思考，終於另闢蹊徑，成功回復了九成遭到刪除的內容。舉例來說，我們改為引用正式的政府訊息，而不是《華爾街日報》的文章；或者以更間接的方式形容人事物，例如為了說明戰時領導人不一定具備和平時期優秀領導人的品質的觀點，我改以「二十世紀的亞洲領導人」取代「毛澤東」，並且期待中國讀者能心領神會。然而，書中也有繞不過的障礙。我在那本書的結尾建議中國共產黨為了更體現其諸般理想，應該將其執政組織更名為「民主賢能聯盟」（Union of Democratic Meritocrats）。結果，審查人員大筆一揮，刪掉了這個

結論。而我與汪沛合著的最新著作 *Just Hierarchy* 的中文版《正序論》遲遲未能出版，政治原因更多：一開始遇上 2021 年 7 月中國共產黨百年慶典和 2022 年 2 月的冬奧會。後來，我們終於設法在 2022 年 5 月、也就是在 2022 年 10 月召開的中共二十大之前找到一個出版機會。同樣的，從書名的副標題開始，很多內容也都受到審查（我們的副標題是「進步保守派的觀點」，但審查意見指出，「進步」和「保守」這兩個詞在政治上都過於敏感，不宜在標題出現）。

值得探究的是，既然學術環境桎梏處處，我依然選擇在這裡工作的原因是什麼？因為我的家庭裡有半數是中國人，我對這個國家也有特殊感情。能和優秀的學生和同事相處也是我留下來的理由。弗朗西斯・福山（Francis Fukuyama）在他著名的"The End of History?"（〈歷史的終結？〉）一文中，指出了另一個關鍵原因：一個沒有人辯論政治理想的世界，可能是和平的，但會很無趣。[13] 中國並不無趣。中國政治的實際運作（非常不完美地）展現的民主尚賢制理想，是現代世界替代自由民主制度唯一可行的方案，而我在這個實驗的發生地中國，坐在前排全程觀察，身為政治理論家，夫復何求？也就是說，政治理論家──無論何種類型──都需要言論自由來溝通他或她的想法。

實際上，我不是言論自由的激進派。如前所述，我會修改、也同意修改我的著作，為的是讓我的書能夠通過政治審查。如果我的作品能看到曙光，我會毫無罣礙地以某種迂迴或間接的方式重寫某個論點；如果我在文章中的某個論點、或舉出的某個例子不是論文的要旨，我甚至願意刪掉它。儘管如此，中國目前的趨勢──更大的壓制力道、更少的言論自由──都讓關心大學言論自由的人士深感憂心。我的觀點在中國學術界廣為流傳：無論人們在公開場合說些什麼，我從不曾遇過一個中國知識分子，不論他是社會主義者也好、支持自由主義或崇尚儒家主義也罷，私

下依然主張學術作品應當審查。審查制度只會疏遠知識分子。我的學生經常說，政治改革應該在現行政治體制的基礎上進行，而不是反對它。但是，愈阻止他們討論這些觀點，他們就會愈失望，就長期而言，反而製造了麻煩。我因此認為，開放只會讓體制整體獲利。

那麼，就長期而言，有值得樂觀的理由嗎？是的，我認為的確有樂觀的理由。第一個原因是捍衛那個時代的戰士終究要交班。中國的出版者和編輯，尤其是年輕的出版人，都站在學術界這一邊，希望他們的書能夠出版。但他們必須得到黨官僚與年長革命同志的認可，那些人可能不認同思想自由交流的重要。那麼，為什麼要賦予他們決策的權力呢？我認為尊重長者的傳統價值觀，依舊扮演重要的角色。所以，我對未來樂觀的原因是：一旦更多思想相對開放的新一代領導人得到更多有實權的職位，情況應該就會改善。但是，即使高層釋出形同戈巴契夫時代開放政策（*glasnost*）釋出的訊號，有助改革加速，改革可能還是需要幾十年才能盡其功。要注意的是，現在的年輕人可能更具民族主義傾向。我的學生中，愈來愈多人開始在中國傳統中尋找靈感，並且普遍因為自己的國家過去幾十年的成就感到自豪。這是一個減少審查的好理由：今天，擁有更多海外經驗和更自信的年輕一代，不至於那麼輕易受到境外「宣傳攻勢」影響，因此，也可以信任他們是一股捍衛中國免於受到不公平批評的力量。相反地，愈多人受到審查，就愈會把怒氣發洩在自己的政府身上。

我覺得樂觀的第二個原因是，除了學者、年輕的出版者和編輯，記者和藝術家也重視言論自由，他們也因為言論限制愈來愈緊縮而沮喪。汪沛和我在《南華早報》（*South China Morning Post*）發表的一則評論文章寫到。[14] 2019 年 12 月，李文亮醫生提醒他的醫護同事——主要是感染病毒的高危險群體——一種後來稱為 COVID-19 的新病毒時，地方當局卻警告他不要散布謠言。

2020 年 2 月，李醫生因感染同一病毒過世，在社交媒體上引發廣泛憤怒。李醫生的命運以一種新的、強勁的方式激發了輿論，一時之間似乎迸發出一股接近壓倒性的社會壓力，可望在未來要求更多言論自由。我們在這則文章中主張，政府必須相應調整：至少，在審查專家公布其研究成果、並對同事表達憂心之慮前應該三思。政府回應言論應該自由的呼籲，符合政府的自身利益。由於只有官方認可的觀點才能公開表達，政治領導人當時即因此受到一籃子責難。如果更開放，責任就會更分散，政府能夠協助解決問題，並在事件引爆前有效地處理。要是問題真的爆發，多半時候不會是中央領導人的錯，因此專家才會建議，公開調查有助於將責任推給處理不當的地方當局。

政治現實總有辦法戳破一廂情願的想法。很遺憾地，李文亮醫生去世後，情況徒然變得更緊張。2015 年，我在《紐約時報》上就言論自由在中國的前景寫了一篇評論文章，以下是全文結論中的幾句話：「我相信情況還是會緩和的。然而，我承認，十年前的我對此更有信心。」[15] 如今，我更難樂觀了。但是，誰知道呢？驚喜可能還是會來。1994 年，我離開新加坡時，那個國家的高壓氣氛有增無減，言論自由受到愈來愈多限制。我甚至不能在課堂上教授密爾的《論自由》：我的系主任、也是執政的人民行動黨議員告訴我，這本書對大學生來說太政治敏感了。當時，新加坡的大學比中國的大學壓抑得多。沒有想到的是，新加坡的大學在學術任人唯賢的基礎、即言論自由方面大幅進步。2013 年，我回到二十年前解僱我的「新加坡國立大學」同一個系，我可以為了寫一本關於中國政治的書，不受限制地接觸中、英文資料。相較於中國，這真是一口新鮮的空氣！新加坡的進步或許為中國大學不久後的將來指出了道路。有一天，當我們回顧歷史，也許會發現，中國目前控制言論自由，可能會發生變化。[16] 在我有生之

年，如果有人提醒我，我曾預言這個時候到來，我一定會兌現諾言，請他喝一杯白酒。

從公共知識分子到小官

西方國家沒有正式的審查制度。密爾認為，言論自由的真正威脅來自公眾輿論。某些公眾偏見導致某些新聞比其他新聞更受重視，而這些新聞又進一步強化這些偏見。在撰寫發表關於中國政治的文章時，這些偏見的影響力尤其明顯：西方國家的閱聽大眾覺得，放眼望去，中國大陸的政治只有壞事、沒有好事；此外，想要發表任何相反看法難如登天。2008 年，我在《衛報》(*The Guardian*) 上發表一則評論文章，抱怨「西方媒體妖魔化中國的方式……任何撰寫關於中國正面訊息的作者，都會遭到指控，指他是中國政權的『辯護者』。西方媒體偶爾會刊登一則提供一些背景或平衡的新聞，但充滿敵意的報導無日不響的戰鼓聲，終究會淹沒這些聲音。」[17]

回想起來，我真是不明白我後來何以要怨聲載道。對於像我們這些想要傳送一張更細緻入裡的中國印象（包括好消息）的人來說，那是個黃金年代。就我而言，我幾乎可以在任何地方發表（我認為）持平的中國政治評論。我是在 2004 年到中國大陸，相較之下還是個新人，但是，西方各主要媒體對我幾乎毫不設限。可以這麼說，我有把握，當時我確實是一位影響力遍及全球的公共知識分子；這話信而有徵，絕非言過其實。《衛報》曾請我為該報網站新開設的專欄「評論自由……但事實神聖」(Comment is free . . . but facts are sacred) 撰寫關於中國社會和政治方面的評論。一位《紐約時報》言論版編輯每隔一段時間就會到北京拜訪我；我寄給他的所有文稿，也幾乎都發表了。我推薦中國學者為《紐約時報》寫專論，他提出該報與中國的大學建立更正式關係

的可能性，該報記者則採訪我對中國政治的看法。另外，美國的
《新聞週刊》(Newsweek) 邀請我在 2008 年北京奧運會期間開設一
個客座部落格。《金融時報》和《華爾街日報》等右派報刊，刊登
過幾篇我的專論文章，The Atlantic 等自由派月刊和 Dissent 等社
會主義傾向的雜誌上，也都刊載過我篇幅較長的評論。我還曾受
邀在瑞士達沃斯 (Davos) 和大連舉行的「世界經濟論壇」(World
Economic Forum) 年會、以及全球其他較小規模的世界經濟論壇
活動上發表演講。《外交事務》(Foreign Affairs) 的編輯寫信給我，
提到他希望日後能發表我的作品。加拿大主要報紙《環球郵報》
的記者兩度介紹我以及我在中國的工作。我也經常接受 CNN 和
BBC 的採訪。《加拿大廣播網》(CBC) 和《美國之音》(Voice of
America) 拍攝大量我在中國生活的長影片。我接受法語世界的主
要媒體採訪，《評論彙編》(Project Syndicate) 將我的評論翻譯為幾
十種語言。世界各地的記者詢問我寫的書《中國新儒家》(China's
New Confucianism)。這本書以一篇題為「從共產主義到儒學」的
短文談起，並預測中國共產黨將更名為「中國儒家黨」。[18] 我自得
意滿地主辦沙龍，替外國記者和當地學者牽線；我在北京與人合
資開辦「紫蘇庭」(Purple Haze) 餐廳；我在餐廳舉行非正式的政
治討論，並在活動結束不久各方發表的文章和評論中，看到這些
活動開花結果。此外，我還受邀申請美國和加拿大一流大學的教
職。我感覺圍繞著一位外國政治理論家在北京生活和工作經驗所
展現的好奇心，似乎是真切的，而我就坐在牽動好奇心的樞紐位
置。

　　這一切畢竟還是土崩瓦解了。主要媒體一個接一個讓我吃閉
門羹，也沒有任何西方媒體記者聯繫我。諷刺的是，我在中國的
時間愈長——迄今近二十年——我對中國社會和政治制度的細
微之處瞭解愈多，卻愈不可能在西方媒體上發表我的觀點。發生
了什麼事呢？部分原因是政治力量導致西方輿論反對中國。2008

年時，妖魔化中國已經爆發到難以想像的地步。在那段時間裡，我擔心那些窮兵黷武、計劃長期對抗中國的美國極右翼好戰分子的作為。如今，西方所有的主流意見都同意「中國威脅論」；[19] 西方世界幾乎普遍認為，中國是一個由邪惡政府領導的國家，這個政府視自己的人民如敝屣，也對其他國家的人民構成危險。在這種情況下，發表不同的主張極其困難，輿論也不會支持。西方的自由派和保守派都同意下述理論：為了對現狀有所質疑，必須維持一個能包容多元與爭議看法的開放媒體環境。但事實上，只要涉及中國，尤其是中國的政治制度時，媒體呈現的幾乎都是單向看法，就是：壞消息。[20]

　　2008 年起發生了什麼事情，導致輿論轉向？部分原因可能是中國的高壓統治愈趨嚴厲。2013 年，中國政府封鎖了《紐約時報》網站，其後，更多西方媒體網站也遭到同樣的命運。關於中國的報導愈來愈不友善，也就不足為奇。但中國也不是只有壞消息。環境議題更受重視、極端貧困不再、腐敗大幅減少；在疫情初起時武漢發生災難，到兩年後上海遭到 Omicron 變異病毒攻陷為止的這段期間，中國政府或多或少成功地控制了新冠狀病毒疫情。更不用說中國自 1979 年來就沒有對外用兵。那麼，為什麼西方的敵意會增加呢？在我看來，是因為意識到「他們」不像「我們」，以至於對中國，尤其是對中國政治體制的妖魔化，從不友好變得惡劣。[21] 這種反應是源自於一種自愛（self-love）的形態：西方支持中國的經濟和政治發展，完全不成問題，原因是西方眼中的「他們」是個略遜一籌的文明，所以期許「他們」最終會認知西方資本主義和自由民主制度的確優越的真相。但上述期待已經破滅；主因是，中國（重新）發現自己的過去。二十世紀的大半時間，中國的自由主義者和馬克思主義者都朝著西方找尋發展方向的啟示，西方人可能因此認為他們有先見之明：大家看啊，「他們」想和我們一樣！但中國人現在以祖先留下的遺產為榮、並

轉向他們自己的傳統，比如以儒家思想考量經濟、社會與政治改革。在這種情形下，西方的同情心也就減少了。

　　然而，真正令人擔心的是「他們」會超越「我們」。西式民主的弊端愈來愈明顯。沒有政治經驗的民粹主義領導人可以藉由鎮日編造謊言、和訴諸人民最惡劣的情緒而當選。尤其是正在失去其經濟主導地位的美國。曾幾何時，中國因為製造缺乏創意的山寨商品受到譴責，如今，華為等公司卻因為創新理念比美國的競爭對手更強而讓人害怕。更不用說美國在川普（Donald Trump，港譯特朗普）總統領導下，幾乎完全放棄其全球責任。拜登總統接手後情況略有好轉。

　　中國的政治制度，無論存在那些缺陷，都允許更認真地考慮後代子孫和外邦人的需求；一些分析人士因而預期中國將率先應對氣候變化，也就不足為奇了。[22] 全球挑戰也需要長期規劃。中國領導人也意識到，只有鄰國興盛繁榮，中國才能興盛繁榮：「一帶一路」倡議，目的在支持周邊國家建設基礎設施，為經濟發展奠定基礎。中國大型國有企業為了長期利益，已經做好承受短期損失的準備。與此同時，美國和其他選舉式民主國家的政治領導人擔心的，往往是下一次選舉，他們還發現，規劃超過四或五年的計劃，不是件容易的事。[23]

　　如何減少妖魔化中國共產黨？首先，需要打破民主或獨裁統治的政治二分法。將爭議包裝成「民主政府」與「獨裁政府」的對立，無助理解中國的政治制度。認為不經民主選舉選出領導人的國家，都有相同的獨裁本質的想法是錯誤的。中國並不是由家族或軍隊管理。原則上，它是一種賢能政治，意味在受教育和在政府工作的機會均等，領導職位分配給政治團體中相對有德有能的成員。[24] 這種制度設計的重點是，每個人都有成為模範的潛力，但在現實生活中，並非人人都具備稱職的、以及道德上無可非議的政治判斷能力，因此，政治制度的一項重要任務，是鑑別出能

力高於平均水準的人。所以，中國在過去幾十年，一直在建構一個複雜的官僚體系，用意在選拔和提攜具有政治經驗和才能出眾的公職人員。當然，理想與現實之間存在著碩大差距。中國是一個相當不完美的賢能政治政府，就像美國是一個相當不完美的民主政府一樣。但是，賢能政治在中國可以、而且應該作為提升選擇最高領導人的道德標準的標竿，就像選舉式民主在美國可以、而且應該作為提升道德標準的標竿一樣。這裡的重點並不是否認普遍政治價值觀的有效性；所有國家都需要尊重基本人權——不被殺害、折磨、與奴役的「消極權利」，以及享有水準以上物質福祉的「積極權利」——但我們確實需要容許以更多元的方式選擇和提拔政治領袖。為什麼所有國家都應該使用相同的機制來選擇領導人？當然，什麼是合適的方式，取決於一個國家的歷史、文化、規模大小和當前的需要。在美國行得通的東西，在中國不見得可行。在中國，很少有知識分子和政治改革者會質疑這一點，但在美國和其他西方國家，原則上，幾乎不可能擺脫教條式地依附這種理念：一人一票是選擇政治領導人時，唯一具有道德正當性的方式。

　　我寫下這些文字時，也知道許多西方讀者會怎麼看待我：這傢伙已經「同化」了。他是個辯護者（apologist）、共產主義的同情者、同路人、小粉紅、或者是我最喜歡的（因為它逗笑我了），形容我是「學術五毛」。[25] 這也有助於解釋為什麼我失去了與西方主流媒體的聯繫管道。2008 年，他們認為我是個有點理想傾向的儒家思想家，可以幫助大家瞭解中國的政治和日常生活；沒有人懷疑我作為獨立學者的批判角度和地位。但在 2012 年，我與李世默在英國《金融時報》上發表題為〈為中國挑選領導人的方式辯護〉（"In Defense of How China Picks Its Leaders"）的評論文章後，外界對我的看法開始變化。標題（不是我們選擇的）造成誤導，因為我們主張中國目前的賢能政治有缺陷：「最明顯的是，政治

制度中普遍存在貪腐。任期和年齡限制有助於『防範監守自盜』，但是遏制濫用權力需要採取更多措施，例如更開放和信譽更佳的媒體、更高的透明度和有效的法律體系、更高的公職人員薪資以及更獨立的反貪腐機構。」[26] 該評論引發了一些風暴，我不得不反覆強調，我捍衛的是一種理想，不是現實。我決定正本清源，針對中國極不完美的賢能政治寫一本書。這本書要有系統地闡明賢能政治的理想、揭露理想與現實的差距，並提出縮小差距的方法。想當然耳，這本書出版後，應該就沒有人把我的批評觀點誤以為是在為現狀辯護！這本書取名為 *The China Model: Political Meritocracy and the Limits of Democracy*，2015 年由普林斯頓大學出版社出版。[27] 但結果反而於事無補。回想起來，我意識到問題可能出在英文書名，那個書名是考慮到行銷而選定的，聽起來卻像是在為現狀辯護。[28] 要是換一個比較無趣的書名，例如：Political Meritocracy in China: The Ideal Versus the Reality（《中國的賢能政治：理想與現實》），也許可以避免產生誤解；但為時已晚。其後我擔任山東大學政治學與公共管理學院院長一職，可以說是壓垮駱駝的最後一根稻草。很顯然地，給我這樣的職位，彷彿代表「他們」能夠寄望我的忠誠，也因此，不必指望我能對當代的中國政治開展什麼批判角度。

然而，我必須承認，我自己的性格缺陷——對於儼然不公平的批評超級敏感、有點偏執，更不用說我純粹就是笨——也說明了西方強勢媒體為何能夠有效地讓我閉嘴。《衛報》甚至早在一般人認為我「從儒家到共產主義」前，就拒我於門外了。我為《衛報》寫了一些評論，但是那些像是為中國政府辯護的新聞標題卻讓我頗為懊惱。我寫信給編輯但沒有效果，因為《衛報》的編輯和西方其他主要媒體的編輯一樣，不必與作者商量就可以決定標題，作者沒有否決權。最後，我在自己專論文章的評論區貼文抱怨，還加上一句話：「評論也許自由，標題則不然。」編輯刪除我

的抱怨貼文，還發了一封郵件警告我：「我們認為這種事是針對『評論自由』這個專欄及其編輯的誹謗。」我溫順地道歉，但「評論自由」再也沒有發表我的評論。

我與《紐約時報》的合作以同樣戲劇化的方式告終。2017年，我既高興也意外，因為該報言論版的一位編輯接受我寫的一則討論中國人身分認同問題的專文。我認為「做為中國人」是文化問題，不是種族問題。他要求我提供查核事實的依據，才能決定是否刊登；我也依約及時地將我撰文時依據的各種參考資料寄給他，副本知會一位專門研究中國歷史的學術界朋友 P. 教授，他對我在專文中提及歷史的部分多所指點。然而，在我的專文預計刊出的前晚，那位編輯打電話告訴我文章有問題：因為文章部分內容似乎有抄襲嫌疑。我非常震驚！請他告訴我哪一部分出問題。他指出幾個我在專文中以事實呈現的部分，我解釋說，他要求我提供查核事實依據，我也提供了對應的參考資料，再加上這些參考資料也都是公開訊息，也許，《紐約時報》將這些參考資料刊登在其網路版，就可以解決這個問題？他特別擔心的是我逐字逐句引用 P. 教授文章中的長句。我回答道，我在引文前提到他的名字，我和《紐約時報》溝通此事時，電郵副本也一直知會他，怎麼能說我抄襲呢？我用了很長的引文，因為我想保留他的原文，也感謝他的幫助！我的編輯朋友問我，既然是引句，為什麼不用引號？我當下語塞。接著我想到，我讀過不下數千篇刊登在報刊上的專論，我自己也寫過數十篇這種類型的文章，但從沒有注意到一個或多個句子、或一個句子的一部分需要放在引號裡的撰文慣例。我自己的學術著作中有大量註腳，但引號後面是參考文獻。為什麼我沒有注意到撰寫報刊專文的慣例不一樣？我對那位編輯朋友推測說：因為在學術界看來，引號後面沒有參考文獻，看起來是「裸體」的。我覺得自己很笨並表達了歉意，但我補充說，你肯定知道我沒有惡意，因為我一直將 P. 教授列為你我

往來電郵的副本收信人，他也不覺得我的文章有任何不當。無論如何，我們可以在句子前後加幾個引號修正這個錯誤；而且，我這次得到教訓，以後不會再犯這種愚蠢的錯誤了。那位編輯說，他得請教其他同事意見後再回覆我。幾個小時後他打電話來，告訴我《紐約時報》不會刊登剽竊文章。我很不高興：我可以接受他們因為我的誠實錯誤而不刊文，但請不要用「剽竊」這個詞，因為這暗示未經告知和同意，就惡意使用他人的字句。在我看來，這個誤解只要加上幾個引號就可以修正，一點都不難。我依然盡量有禮貌地告訴他，謝謝他幫忙，我會把這則文章送到別處出版。他回覆電郵表示，我的行為嚴重違反倫理，不應該在其他地方發布這篇文章，因為要是我這麼做了，他會覺我原來如此妄自尊大。我有點佩服他的大膽假設所展現的自信，但不爽他詆毀我的人格。我告訴他，我的文章表達了重要觀點，我會想辦法發表的。我在有問題的句子前後加了一些引號，並在沒有他的編輯的情況下重寫了這篇文章（花了幾分鐘），再將文章寄交《華爾街日報》，該報以「為什麼任何人都可以成為中國人」為標題發表該篇專文。[29] 這篇評論引起很多人的興趣、也產生很多爭議，我於是計劃以這個主題寫我的下一本書。但這件事也劃下我在《紐約時報》言論版發表文章的句點。

願望清單

從那以後，儘管我偶爾會在中文媒體和《南華早報》上發表評論，並在美國一些立場開明的新期刊如《美國事務》（*American Affairs*）和《美國目的》（*American Purpose*）上發表文章，我已經失去了要成為西方公共知識分子的動力。[30] 我一直在自艾自憐，也該停了。整體來說，我非常感謝西方世界的學者和記者就我的想法，提出許多批評以及建設性的評論，並協助推動我的論點（我

特別感激普林斯頓大學出版社出版了我的書，沒有任何針對政治內容進行審查)。讓我們回來討論大局：輿論造成西方主要媒體幾乎不可能刊載平衡呈現中國政治的評論文章。事情可能會如何變化呢？西方人需要考慮到這種可能，即不以自由公正的方式選出最高領導人的政治制度，在道德上是正當的；此外，經濟制度可以為了共同利益，實質限制累積私人財富也是正當的。就中國而言，政治制度需要改變，要變得比較不壓制、也要更有人性。中國應該歡迎西方記者到中國，還應該讓他們自由採訪他們認為應該報導的題材。以《紐約時報》為例，在新冠疫情最嚴重的時候，該報記者 Keith Bradsher 根據當地資訊發出的新聞，提供了英語國家讀者一幅細緻入微的中國畫面。[31] 這類故事要是更多一些，可能有助改變西方輿論。非正式的網路報導同樣有幫助。英國的巴瑞特（Barrett）父子檔就是很好的例子。他們在中國各地旅遊，訪問各個不同地方，每到一地就攝製既有深度又幽默的影片，並在網路上發布。全球成千上萬的讀者喜歡他們呈現了許多代表「真實」中國特色的細節。他們可能不應該過分美化中國，但在矯正主流媒體經常出現對中國的負面態度來說，矯枉過正的確能發揮效果。不論中國有什麼缺點，都不能否認它既多元又生機勃勃。呈現這一點最好的方式，就是讓記者和國外人士成為橋樑和信使。[32] 我又一廂情願了嗎？也許。但是，想像有一天西方主流媒體的大多數報導有助於使中國人性化，並且主要媒體的言論版再次開放給對中國政治更為平衡的評論。我有這種期待，總不能說我瘋了吧？

　　我要強調，我並不是要把中國的正式審查制度與西方的非正式審查制度等量齊觀。我衷心希望中國能夠學習西方學術和媒體自由的規範。話雖如此，中國式的審查制度可能也有值得學習之處：審查人員在說明理由時較為開放。[33] 中國的編輯通常會告訴作者他們不能發表這個或那個，因為在政治上太過敏感。相對

的，西方編輯幾乎從來不會説是出於政治原因不能發表某文稿。有時候我會希望西方主流媒體的編輯能坦白地告訴我，他們不能發表我的文稿，是因為他們自己的編輯政策最近更「反中共」。但我想，任何深信言論自由價值的人，都很難承認他在遏制言論自由。

第九章

具有中國特色的學術考評制度

選舉制民主的政治領導人是誰選出來的？答案顯而易見：選民。有時候會有人問我：賢能政治制度的領導人是誰選出來的？我會半開玩笑地這麼回答：在中國是中共中央組織部。最高層官員則是由政治局成員任命，最低層級的村長通常是投票選出。而高低之間佔比最大的公職人員則是由組織部遴選。組織部就像是世界上最大、也最有權勢的人力資源部門，負責任命各級政府和國有企業約七千萬個人事職缺。[1] 理論上，這種人事制度的目的是確保能夠選出最有資格的人擔任政治職務；但是，一些憤世嫉俗的人會在這個目的後面加個尾巴說，還得注意這個機制另有一個目的，就是讓中國共產黨在社會各個關鍵領域能持續其獨霸地位。

當我聽聞組織部也負責選拔學術工作的領導、包括我的學院領導時，著實嚇了一跳。我從 2017 年 1 月開始正式接任院長之後，很快就發現這個職位沒有太多獨立權力：所有重大決策都由一個九人小組決定。小組成員包括五位副院長、三位黨委書記和我。九位領導各有各的職責，但開會時每位領導似乎對每件事情

都可以置喙，一件事往往得經過冗長論辯後才能決定。我們當中有幾個人是新來的，剛開始有點尷尬。幾年過後，我們彼此相處融洽，並發展出多少算是穩定的決策機制。然而，到了我的任期接近五年的時候，我接到通知，領導層要更換了，我們學校的組織部會決定人事任命。

那麼，組織部是如何選拔新任的學院領導人呢？他們先召集學院副教授及以上的所有教職人員開會。負責集體領導的委員會「政管學院黨政聯席會」的每一位成員，依序在會中發表簡短講話，小結自己替學院做了那些事，接著簡明扼要地說明自己的研究與教學成果。然後，所有與會人員填寫一份詳細表格，根據能力、勤奮和德行等標準，將每位領導的表現排名；表格上還詢問一些對治理組織政治忠誠度的形式問題。[2] 幾分鐘後，與會教職人員排隊將填好的表格投入一個透明箱子（應該是為了顯示投票全程無爭議）。到了下星期，我和幾位面無表情的組織部成員見面，他們要我說說對於即將卸任的委員會其他領導的看法。至於我自己，我告訴他們，我想當個象徵性的領導，希望續任院長最多一年，所以我們需要找接班人。兩週後，組織部再度召見我。他們讓我看一份他們草擬的學院黨政聯席會新領導暫定名單，要聽聽我的意見。我說，這些人看來是不錯的選擇（我是真心的）。我和我的面試官隔桌對坐，他要我將幾位擔任副院長的領導大概排個名，應該是替即將來臨的領導層異動預作準備。我問他們，是否可以保留那份暫定名單；他們說，不行，因為那是未定案的名單。一星期後，學院收到組織部關於未來五年由哪些人擔任學院黨政聯席會成員的最後決定，包括一份載明各領導職權的分工表。這份名單和我上星期看過的暫定名單相同。本書第三章提到的那位常務副院長獲得晉升，並調往濟南出任新職，由另一位工作勤奮的副院長接替他的職務。黨委書記留任，但是扮演更吃重的角色。[3] 我續任院長，表格上的「職責」欄是這麼描述我的

工作:「全面負責學院行政工作。」[4]領導們的性別比例也有了進步:現在有三名女性領導,是五年前的三倍。

　　我對這個遴選過程的看法是什麼?一方面,在結果底定之前,諮詢代表不同利益的相關人士意見,其廣泛、深入的程度讓我印象深刻。經由正式投票、評估以及非正式聊天等方式,耗時蒐集各方看法的過程,為組織部提供相當充足的資料評估候選人,結果似乎不錯。就我的個人經驗來說,我不知道西方大學採取哪種方式遴選院長和副院長,但我聽聞決策過程比較不民主、甚至可能不如山東大學。但另一方面,山東大學的實際決策過程多少有些神秘。我不知道全院教職人員的投票結果和評價,對組織部的最終決策有多大影響。但我推測,對我的職位來說,那些並不重要,因為我們大學的黨委書記在前一年就或多或少決定我會續任,象徵性領導學院一、兩年。也許,在別的人事案上,組織部的方法的確會有影響,但是,我不知道影響有多大。即使如此,值得一問的是,真的愈透明愈好嗎?我的確沒有看到我的同事如何評價我的工作表現,但我因此鬆了一口氣,因為我要是知道評價內容,可能自此就垂頭喪氣、一蹶不振。

　　我想起2017年6月在山西與一位組織部領導的談話。[5]我問他,如果中共領導人如此偉大,為什麼不更開放拔擢領導人的過程,顯示中共真的像宣傳一樣舉賢任能,而且過程嚴謹?那位組織部領導反問我,你們學術界的領導是怎麼產生的?我回答說,有關部門為了能夠選出最佳領導,成立了一個委員會,再由委員會成員相互評議。那位領導又問,遴選過程公開嗎?我回答說:「當然不會。一旦公開評議,有些話反而不方便說,而且,對落選者也不公平。」領導笑著說:「我們也一樣,」得替落選的人留點面子。他解釋說,組織部──中國政治體系裡最負盛名的一個部門──遴選自己的官員時,必須考慮一個因素,即此人的保密能力。[6]明白這點,我就不會訝異我們學院遴選領導的過程如此

秘密；但是，我還是認為，組織部至少可以更透明，比如可以說明遴選過程會考慮哪些因素、以及這些因素的佔比多少。

考試、選舉和評估

遴選學生和教師的過程，更直接地受到我們稱為「學術考評制」(academic meritocracy) 的驅動，遴選的標準是候選者實際、以及潛在的學術能力與成就。政治忠誠和德行並非決策流程必須考慮的正式項目。山東大學和中國其他大學一樣，大學部學生是根據全國大學入學考試 (高考) 成績遴選。除了極少數例外，高考成績是決定某人能否上大學的唯一因素。[7]成績好的人通常可以選擇院系；而像我們這種校方行政人員的工作之一，就是說服表現優異的學生 (更重要的是，他們的父母) 進入我們學院。我們學院碰到的最大障礙是院名「政治學與公共管理學院」。對於已經花了好幾年記誦政治宣傳的高中生來說，聽到「政治」這個詞就覺得無趣。我們必須說服還沒有報到的新生 (和他們的父母)，若是他們進入我們學院，未來就能夠針對不同的社會問題和政治可能性，培養創意思考的能力；此外，本院畢業生在公、私部門都能找到具有挑戰性和相對高薪的工作。多年來，我們一直在思考、辯論是否可以像北京大學等中國各大學一樣，將院名改成聽起來更中性的「政府管理學院」，但由於我不完全理解的複雜官僚主義因素，我們的院名至今未變。

研究生也是經由考試遴選入學，[8]但是主觀評價的空間更大，尤其是在筆試結束後的口試階段。負責出題和評分的是我們的老師，這點讓熟悉山東大學的自家學生佔了點優勢。成績不好的學生幾乎不可能錄取，但只要他們的考試成績通過特定門檻，又得到某資深教授的青睞，通常就會進入該教授師門 (西方一流大學可能就是這般情況)。[9]西方博士生最大的挑戰是寫出高質量

的論文。在山東大學,是在「中文社會科學引文索引」(Chinese Social Science Citation Index, CSSCI) 正式認可的期刊上發表兩篇學術論文。在科學研究領域,研究生在學術期刊上發表作品司空見慣,而且多半是和他們的教授共同掛名。但是,把這個要求套用在我們的研究領域中完全不合理。清華大學哲學系在幾年前就廢除了此一要求,但山東大學在這件事上異常頑強、抗拒改變。我曾提議山東大學也廢除此一要求,但他們告訴我,這是大學的決定,學院無法單方面做主。到了我任職第二年,這個要求寬鬆了一些:研究生可以和教授共同署名發表文章。但這種改變卻遭到濫用:教授為了幫忙學生畢業,在一篇幾乎是由學生撰寫的論文上共同署名(我承認我偶爾也會做這種事,否則我的研究生沒辦法發表他的論文)。這個制度終歸要改:我們需要的制度,是將研究生的論文品質作為評估他們學習的首要標準。

至於教職人員的遴聘與升等,則由學院的學術委員會負責(學院的決定還必須得到層級更高的全校委員會批准,但該委員會很少否決學院的決定)。學院的學術委員會由十四位教授組成,這些教授是由學院中大約七十位副教授及以上的教職人員選出。這是一個非常重要的委員會。我們多數人都認為,經由同行投票選入該委員會,是備感殊榮的事。在我擔任院長兩年多後,開過一次學術委員會選舉新成員(在此之前,我可以開會但沒有投票資格),每個人都有權投一票。那次選舉的透明投票程序讓我留下深刻印象:每開一張票,就在全體教職員眼前將開票結果登錄在表格上,用意應該是為了降低做票的疑懼,但我也為那些票數落後的教授難過,這似乎是大失面子的事,並且可能加深他們與其他教職同仁的疏離感(理想的情況是只宣布入選者,並且信任計票員會維持其誠信的榮譽)。令我釋懷的是,院長不必透過其他教職人員投票的程序,即可自動接受指派擔任學術委員會委員。在當時,這似乎是個臨時起意的決定,但我認為其他領導

的考量是，在學院裡保留我的面子，比起在全體教職人員面前實踐對完全民主的承諾，來得更重要。

「學術考評制度」的影響，在遴聘教職人員的過程中表現得最明顯。我們的做法如同西方大學，考評的首要標準是候選人的學術能力與成就。我們會檢視履歷及推薦信，並安排候選人與學術委員會面試（新冠疫情前會邀請候選人到校面試；疫情發生後，無法來校的候選人可以線上面試）。話雖如此，有時候政治考量的確會影響考評過程。有候選人將自己的中共黨員身分寫在履歷上（我們審議時不討論候選人的政黨歸屬，但的確有不少人認為黨員候選人不僅聰明、並且擅長合作）。原則上，有獲選潛力的候選人可能因為他的政治背景而遭到否決。這種情況在我的學院中很少見，但確實發生過。唐納・川普當選美國總統後不久（在我擔任院長之前），我們正在考慮聘請一位在西方某國任教的知名華人教授，但他在某個階段被否決了。我問一位密友，是不是因為他反對中國共產黨。他告訴我，不是。他的問題是他太反美了。我笑著說，自從川普當選，很多美國人都反美。這位密友回說，我們擔心的是極端人士，而不是他的意識形態。還有一次，一位外國候選人在面試時表現非常好，面試結束後，我們和幾位學術委員會成員以及一位黨委書記一起晚餐。這位候選人酒量不太好，他以中國會帶來惡劣的影響為由，主張美國應該進一步干預東亞。他喝的愈多、就愈不尊重我的中國同事。他還大拍我的馬屁，說我是唯一一位能表達自己真實想法的外國人。飯後，黨委書記和那幾位同事私下表示強烈不滿。我們後來沒有繼續處理他的遴選案。

學術委員會也負責審查同事的升等案。在這件事上，我們需要確定同事的升等基礎是其學術能力，而非個人情誼、也就是與其他教職人員的關係。我們評估學術能力的標準非常嚴格：在中國，我們評量研究成果的依據有兩項。一是由「社會科學引文索

引」(Social Science Citation Index, SSCI) 評量出現在英文學術出版品上的引文、以及由「中國社會科學引文索引」評量出現在中文學術出版品的引文。[10] 前者的權重更高，因為有一種 (在大多數情況下是正確的) 假設是，在中文學術出版品上發表文章，較易受到作者與發表刊物編輯的個人關係影響。但這種假設意味一位英文寫得好、更有能力以英文發表研究成果的教授，與一位英文不夠好、但是可以用中文發表高品質作品的教授兩相對照，後者形同因為英文不好而受到懲罰 (這有點諷刺，因為國家不是應該朝著更民族主義的方向前進、也應該愈來愈以中文與中國文化自傲？)。

現行升等制度的結果絕非評量學術成就良窳的理想指標。一方面，委員會成員根本不閱讀候選人的大部分作品，他們評量的依據是將候選人獲得出版的文章進行量化分析後的結果，換句話說，就是依據某些外部品質評量並排序的期刊刊載候選人文章的數量多寡，決定評量結果。其次，這一套評量制度沒有賦予書籍太多權重。對書籍的偏見來自中國經驗：中國的學術出版社並沒有特別為人看重 (以往常見學者付費給出版商出版作品的現象)，出版社也沒有為了確保論文品質而建立的嚴格外部審查機制。我曾勸說一些同事尋求在西方著名大學出版社出書的機會，但對年輕的同事來說，努力可能得不到回報，所以我不能逼得太緊。第三，多半時候，必須先考慮獲得政府資助研究經費 (稱為「項目」) 的候選人升等。這類資助更重視研究是否符合 (由政治領導人決定的) 國家需求，而不是學術貢獻。此外，一些資質平庸的申請者獲得資助，主因是他們的研究符合當道的政治意識形態。甚至，在《人民日報》、《光明日報》等具有政治權威的報紙上發表的短文，也視為等值的學術出版品 (說句公道話，在這些報紙上發表文章極其困難，但這些媒體刊載文章的標準不是學術價值)。最後，同樣重要的是，審查制度日趨嚴格，代表一些有才

華的教授很難發表他們的研究。愈來愈多的政治學研究領域被視為禁區。我接到很多抱怨，尤其是年輕學者抱怨他們不能再發表相關主題的研究，即使研究成果相對有利於政府。幸運的是，學術界還能在英文期刊上發表；在這方面，才華橫溢但英文寫作不夠好的中國教授也屈居劣勢。我試過推薦譯者幫助他們，但是對年輕教師來說成本太高（如果是我提供翻譯服務，我一定會全職工作）。[11]

中國學術世界第一？

儘管存在這些問題，我對我們學院的學術前景仍然樂觀，或許更擴而廣之，我也看好中國學術界的前景。我們的新聘教職人員普遍出色。他們多半在國外接受學術訓練，可以用中、英文撰寫高品質的學術文章。[12] 也就是說，雖然愈來愈緊縮的政治束縛已經帶給中國學術環境負面影響，我們聘請到的教職人員卻愈來愈優秀，原因何在？就山東大學來說，部分原因是更高的薪資、美麗的濱海校區，以及離海邊不遠、所有教師都有資格享有的租金補貼公寓。推力的因素也很重要。在國外找到好的學術工作愈來愈困難，中國學者在西方國家受到的歧視也愈來愈多。西方的反中潮讓我們更容易招募到在國外完成博士學業、有才華的年輕中國教授，我們的學院成為了這股推力的受益方。過去，留學海外的博士可能想在國外找工作，但西方國家的反華氣氛讓他們愈來愈氣餒（如果中國學者真的到國外工作，他們得隱藏對中國政府的正面評價）。另一個我對中國學術前景樂觀的原因是，中國境內的學院和大學不斷地為提升國內和國際排名競爭。教育部根據學術表現對各學院評分（學術出版品的數量多寡依然是關鍵因素）。我們的學院在 2017 年獲得了 B+，而我們擬定了一個到 2025 年將評級提高到 A+ 的詳細計劃。如果我們成功，代表其他

中國大學的類似學院會降級，因為最高「評級」的數量有限。[13] 這麼激烈競爭的結果是學者持續受到壓力，希望能夠多發表論文；校務行政人員則持續受到壓力，期待他們能吸引更多有才華的教職人員來校服務。[14]

　　整體而言，我相信我們在學術上會持續進步，我只希望政治束縛會隨著時間的推移而愈來愈鬆；儘管如此，我確實想質疑學術能力和學術產出是大學唯一要務這個前提。中國的大學幾乎全部都是公立大學，非常強調為國家和世界整體服務的義務。[15] 山東大學的辦學宗旨是「為天下儲人才，為國家圖富強」，所以，如果我們的學術成果沒有對社會產生正面影響，我們的使命就失敗了。我們的挑戰，是鼓勵對社會有所助益的高品質學術研究，同時摒除讓學術界苦不堪言的宣傳和審查制度的干擾。

第十章

可愛的批判

為了塑造國際輿論對中國的看法，習近平主席告訴中國資深官員，國家需要努力塑造更「可信、可愛、與可敬」的中國形象。[1] 這個令人訝異的陳述，不僅委婉傳達了「戰狼」言論可以休矣的訊息，還要注意的是其中的關鍵詞「可愛」。[2] 可愛的中文字面意思是「可以愛」，官方媒體英譯為「lovable」。但是，「可愛」也是個常用語彙，等同於英文的「cute」。

將「可愛」視為軟實力，這個想法表面上似乎有點奇怪。可愛文化，指的是用「可愛」這個詞公開肯定某種動物、或機器人、或是表情圖案的現象；這種現象已經成為日常社交的主要互動方式。而可愛文化快速傳播，也成為當代中國最吸睛的社會發展現象之一。這個趨勢始於 1970 年代的日本。當時該國主要由一批從競爭異常激烈的教育體系中選拔出來的菁英官僚統治。而這種最初由十幾歲女孩引領的文化，最終滲透到社會其他層面。可愛文化在過去十年左右，幾乎像野火一樣在中國蔓延。中國各城市的街道上，到處可見可愛得不得了的狗和貓，使用可愛的表情圖案也已經成為社交媒體常見的溝通方式，甚至在官員公務交流的場合也是如此。在上海不那麼寒冷的冬天裡，給可愛小狗穿上五

顏六色的外套，幾乎變成一種制式義務，以至於瞅到一隻「裸體」狗走在街上時，反而會覺得有些不安。[3]

　　值得探究的是，為什麼可愛文化在中國扎根如此迅速、深入？[4]一種解釋是文化使然：在強調說話要禮貌、要委婉的東亞國家，透過數位工具對話時使用可愛表情圖案的現象可能更普遍。因為改在網路上溝通，原本望之儼然的臉孔並不會因此變得親和，為了彰顯等級躬身行禮的肅穆氣氛，也不可能變得活潑。因此，東亞人喜歡以可愛或有趣的圖像紓解溝通氣氛，並將誤解、或傷害他人感受的風險降到最低。[5]

　　菁英社會和政治制度也有助解釋可愛文化。一項研究顯示，觀看可愛圖片能導致行為謹慎、注意力集中、焦點不渙散，對學生學習和辦公室工作都有潛在好處。[6]可愛圖片使注意力容易集中，對那些在競爭極度激烈的社會中，期望踏上成功之階的人可能有所助益。但可愛文化也代表一種對全體制的反抗。可愛文化認可的，不是在那些才德兼具、萬中選一、以及為公眾謀福利的官員身上看到的那些無趣、勤奮工作（主要是男性）代表的價值；它認可的是調皮好玩、有點自我放縱的生活方式的價值。正如賽門·梅（Simon May）在他精彩且饒富趣味的著作《可愛的力量》（*The Power of Cute*）中說道，可愛文化明確表達了「一種新生意志，否定權力決定的人際關係親疏遠近的排序，或是至少質疑我們對於誰擁有權力、以及為了什麼目的擁有權力的假設。這是可愛能夠生動傳達的意志，原因正是它牽涉的對象通常是脆弱的，或是刻意示弱、或是將示弱用於挑逗。可愛是一種從典範權力中解放的意志，對許多人來說，尤其是西方人和日本人，也許還有一般的中國人，認可它的目的，可能是把可愛當作消解一個多世紀以來前所未見的暴行的藥方。」[7]

　　如果可愛文化（至少部分的可愛文化）是對競爭異常激烈的賢能政治制度的一種反動反應，而這個制度又是以競爭異常激烈

的教育制度為基礎，那麼人們可能會認為可愛文化不會在更輕鬆、競爭較不激烈的社會裡產生實質影響。這個假設得到下述事實的支持：可愛文化在丹麥和芬蘭等世界上最幸福的國家影響甚微、甚至幾乎沒有產生社會影響。在中國，看似強悍硬朗的壯漢拎著女朋友的可愛紅色或金色小包的畫面並不少見。我曾在上海看到一位成年男子，一隻手拿著氣球、嘴巴同時在舔另一隻手拿著的冰淇淋。山東大學有一位男性教授穿著印有好幾隻閃閃發亮、可愛粉紅色泰迪熊圖像的 T 恤來來去去。這樣的場景在理應更開放的西方社會聞所未聞。在西方社會，這些行為都是對同性伴侶有興趣的象徵行為，而不止是對著可愛文化的眨眨眼睛，表示敬意。

由於可愛文化似乎與中國（或東亞）背景的關係如此密切，為什麼習近平會認可在國外宣傳「可愛」中國形象有其必要？[8] 在東亞以外的社會，尤其是自傲將一生奉獻給理性和科學（意即：不可愛的）等啟蒙價值的西方社會，可愛文化可能是種下敗因的舉動。但可愛文化也有普遍影響力，一隻可愛的貓居然在全球網路上統一了種族間的爭戰；或許更令人驚訝的是，中國雲南省一群十五頭野生象加入了可愛的大家庭。通常報導中國烏雲罩頂、在劫難逃的西方媒體，積極記錄了這群似乎迷了路、不知何去何從的大象一趟不尋常的旅程。[9]

這個故事還有一個政治層面：受保護的大象棲息地可能無法再支撐愈來愈多的大象；[10] 但媒體的關注，主因是人類天生就會受到可愛的事與物吸引。人類往往會因為外表看似脆弱的美麗動物，內心有所感動。愛貓人士都知道，貓臉的美，百看不厭。然而，這群大象的故事提醒我們，可愛不等同於美麗。大象的皮膚乾糙、體型使人生畏，遠遠稱不上是最美麗的動物。但是當牠們迷路，似乎很脆弱又需要幫助時，依然呈現出可愛的特質。可愛的動物，即使醜陋，仍會引起我們一如面對脆弱的（通常是笨拙

和呆萌的）人類嬰兒般的關心。那群雲南象裡面的明星，是在象群不知何去何從的路程中出生的小象。在一段風靡全球的無人機影片中，睡在象群中的新生幼象醒來，可愛地掙扎著從較大的象群之間爬出來。[11] 另一次，小象掉進溝裡，牠的媽媽幫忙把牠拉出來。見此，我們也不可能不同情牠的困境。[12] 孟子有一句名言，「今人乍見孺子將入於井，皆有怵惕惻隱之心」（譯註：《孟子‧公孫丑上》）。我們對需要救助的可愛動物，同樣也會產生怵惕惻隱之心。[13]

　　以上談的是好的一面。當可愛局限於動物世界時，沒有錯誤可言。誰不喜歡一頭可愛又看起來脆弱的小象呢？但是當人類世界為了社會和政治目的利用可愛時，就很容易出錯。試想流浪的大象一路上可能的遭遇。事實證明，這是一個中國軟實力的成功故事。當地居民與政府官員密切合作，確保大象的安全與健康，且象群最終返回「家園」。這顯示，事情進展順利時，無論國外如何宣傳，通常都不可能離間中國人民與中國共產黨。要是結局很糟糕，會發生什麼事？如果小象死掉、或者大象殺死人類，該怎麼辦？地方官員會擔心上面怪罪下來，可能會仿效疫情爆發時武漢官員的做法：試圖掩蓋混亂。但消息終究會洩露出去，外國媒體會興高采烈地報導出了什麼問題。所以中國的軟實力勝利會演變成失敗。可愛作為軟實力，只有在它伴隨著可信的新聞報導，才能發揮作用；但如果政府試圖掩蓋壞消息，新聞又如何可信？

　　換句話說，可愛作為人類的一種美德，有其不足之處：它需要伴隨其他美德才能對社會產生正面影響。至少，它需要受到某一些美德如厭惡殘忍這一類德行的約束。中國的一些貓主人讓他們的寵物接受痛苦的手術，將單眼皮切割成比較大（據說會更可愛）的雙眼皮。[14] 雙眼皮手術是東亞國家女性最常見的整形手術（以至於在富人區很少看到單眼皮的人），我憑什麼反對當地的審

美觀念？但是當寵物被迫進行這樣的手術時，那就跨越了道德底線。

對於一般公民來說，可愛文化有一個重要功能，在有儒家傳統的東亞社會裡尤其明顯。也許儒家思想最深層的問題，是假設最美好的生活方式是以公職人員的身分為政治團體服務。這有助於解釋為什麼中國的公職人員，從政治局成員到偏遠農村的小官員，都有如此高的社會地位。然而，缺點是那些沒有政治權力的人可能不會感受到（平等的）社會價值。因此，有必要將專業公職人員的社會貢獻價值予以貶值。意即，服公職可能重要，但不是有意義的參與社會的唯一方式（或不必然是最好的方式），也不是貢獻社會的唯一方式（或不必然是最好的方式）。這種調整應該不會引起太大爭議：例如，與武漢的醫護英雄相比，我身為官員的社會貢獻微不足道，應該顯而易見。此外，還有必要肯定對社會良善產生貢獻的「非政治」生活方式的社會價值，例如健康工作者和家庭照護人員的工作。可愛文化另闢蹊徑，幫助重視社會價值的生活方式取得正當性一事上，也扮演了重要角色。就算可愛不涉及以直接和自覺的方式促進人類福祉，它也賦予那些被排除在政治等級制度以外的人的生活意義，並為他們的生活帶來歡愉和樂趣。

但在這裡，可愛可能也是危險的。如果太過於貶低一般民眾的政治參與價值以及太過於肯定「非政治」的生活形態，可能會使一般公民更容易受到國家的操縱或壓迫。約翰・密爾擔心「現在幾乎沒有人敢離經叛道，這是我們這個時代的主要危機」。[15]他認為，離經叛道是另一條有別於現狀的表現，從而鋪起了另一條社會進步的道路。但是，離經叛道也可以用可愛這種去政治化的方式表現。例如，上海是中國可愛文化的爆發點，但是相較於不那麼可愛的北京「城市人」，上海的「城市人」更不願意談論政

治或批評政府。[16] 換句話說,要實踐可愛文化,需要一般公民能夠實踐某種形式的民主參與。此外,太多可愛也會破壞賢能政治的理想。意即一種政治體系,目標是選擇和拔擢具有為政治群體服務的能力與動力的公職人員。如果人民真的相信直接為民服務沒什麼大不了,有才有德的人不再想要在政府服務,中國的統治機構就會變成一個平庸組織,更不用說,我任職的大學也會失去那些我非常欽佩、才華橫溢、和認真工作的管理人員。所以,是的,公職官員的生活可能不是最美好的生活,但我們應該繼續將它當成一種重要的生活方式。可愛文化認可另類的生活方式,但它需要更多關於美好生活的政治觀念以補其不足。

令人驚訝的也許是,可愛文化已經滲入中國的官僚系統。人們可能會認為無趣的官員是可愛的對照。但在山東大學裡,我們都力求可愛。我與其他行政職務同事用微信互動時,會用可愛的表情圖案表達情緒與感覺,以求說服對方;從疫情肆虐、人們開始居家工作以來,這種趨勢愈來愈流行(我曾經請教哈佛大學的一位教授朋友應對疫情的方式。他說,教授與大學行政職務人員互傳可愛的訊息,在那邊是不可思議的)。可愛的表情圖案可以避免誤會,並讓原本無趣的溝通過程變得活潑(我最喜歡的表情圖案是以馬克思和孔子各種表情為主題的兩組圖案)。但是對於像我這種新手來說,使用表情圖案的風險很高。我回應同事送來的一杯咖啡圖案時,將狗屎圖案錯認為是巧克力冰淇淋。這種很難補救的錯誤,在日常的言語對話時絕不會發生。我的另一個錯誤持續了兩年多,才得以改正。我經常在我的微信訊息結尾貼個笑臉表情。最後,我那位一向彬彬有禮的助理終於生氣了。他解釋說,那個笑臉並不代表高興或欣然接受。剛好相反:它傳達的是諷刺、甚至敵意;因為真正笑的時候,眼睛不會變成你傳的圖案的樣子。[17] 現在我用的表情圖案是正確的,笑臉上有一雙會笑的眼睛。

　　更讓人憂心的是，可愛文化可以用來逃避責任。對於十幾歲的女孩來說，談不上犯了什麼天條（sin），但對於經常需要做出艱難決定、並為這些決定負責的公職人員來說，這可能是一場災難。[18] 明知超捷徑會導致災難，仍然用可愛做為超捷徑的藉口。現代最可愛的政治領袖（拙見以為）是英國前首相鮑里斯·強森（Boris Johnson，港譯約翰遜）。人們很難抗拒他的一頭亂髮、不知所以的表情和自我解嘲、幽默的吸引力。他似乎有些脆弱，好像需要國民同胞們助他一臂之力才能達成任務。這可能是表演，但經常奏效。我們可以爭論英國脫歐是不是好主意，但投票沒有經過多少審慎、從容的討論就進行，硬是讓脫歐過關，強森的可愛功不可沒。更糟糕的是，強森身為首相，卻太晚採取行動應對新冠疫情。他的古典自由主義本能（libertarian instincts）引導了他的意志，這種本能無視科學建議：他不願做出鎖國的困難決定，這種不情願與一個「可愛」的首相契合，卻導致（否則可以避免）上千名英國人死亡。[19] 相反的，沒有人懷疑諸如德國前總理安格拉·梅克爾（Angela Merkel，港譯默克爾）等不那麼「可愛」的政治領導人的「責任倫理」。他們的決定可能並非總是理想的，但他們不會藉由佯裝可愛拒絕承擔責任。[20]

　　讓我以另一輪自我批判結束這一章。我就任山東大學院長前不久，收到一封來自我在清華大學指導的前博士生寫給我的電郵。這位學生當時在協助一位我邀請的客座教授安排在校區的宿舍，但事情出了差錯，提供給該位教授的宿舍屋況比預期差。我寫了一封電郵給那位學生，信中我提到對此結果的失望。在此值得詳細引用這位前博士生回覆我的電郵內容：

　　邀請〔X〕教授的人是你、不是我、不是〔Y〕、不是〔Z〕、不是你任何一位學生或朋友。因此，比起其他人，你應該更瞭解每一件事，你也應該是負起真正責任

的人。你應該是最有能力解決問題的人。還有，更重要的是：你應該是最沒有權利說「失望」的人……

　　我想，在這世界上，如果有人能對你說出像上面那種難聽的話，恐怕就是我了。生活是艱難的？改變很不容易？替我想想吧。不要誤會我的意思：我在這裡想說的很簡單：如果我能照顧清華大學的客座教授，你應該也能自己一個人完成這件事。更何況，再說一次：你是邀請者，你是主人；不要老是把自己當成像個客人一樣。

　　另一個快速提示：大多時候，裝可愛不會讓任何事情變得更好。永遠用最直接的方法解決問題。繼續長大，不要當個大嬰兒。我昨天對我的老闆抱怨，團隊合作中壓力最大的工作就是當保姆。說實話，在那一刻，我也想到你。

我看完這封電郵後，目瞪口呆，因為這位學生過去一直很有禮貌。這封電郵似乎太過分了：我請學生幫忙，所以寫信感謝他，但補充說我對結果有點失望。授權請人幫點忙有什麼問題？不久後，他發來一封要求原諒的電郵件：「請容許我誠摯地向您道歉！那些傷人的話，全都出於酒醉的腦，而不是關懷的心。」我接受道歉，這件事就算結束了。但我希望我當時要是能多反省一下就好了。我現在才明白，我把可愛的習慣帶到院長職位上，作為一種卸責的方式。公平地說（對我自己），我不必做太多困難決定，因為學院的資源很多。其他地方的大學面臨裁員，我們不同，我們的主要任務是決定該怎麼花錢。我們提供許多福利，邀請有才華的教師和學生來校服務或就讀，他們還不見得願意來。況且，我們沒有解僱表現不佳的教師和行政人員的政策。原則上，我們有某種形式的任期制度，但我們從來沒有終止任何人的任期。儘管如此，學院領導有時候不得不在我們每兩週一次的會

議上，在相互衝突的利益和觀點間做決定，比如，誰應該獲得這個或那個獎項、或是獎學金等等。我很少參加這類討論，而我參與的時候，經常靠機智的評語轉移討論方向。不足為奇的是，我的同事很少會找我幫忙。[21] 當然，一位好院長的主要任務是協助他人：學生、教師、學院和整個大學裡的行政管理人員。從這個角度看來，我不是負責任的院長，因為我「裝可愛」了。

本書出版時，我（很可能）不再擔任院長。我會成為一名學者，教書、閱讀和寫書。我可以放心地預測，屆時我也無法倖免可愛文化的負面影響。可愛的人是很可愛的，但在他們身上看得出一種罪過：虛榮。想想上海的穿衣服的狗。牠們的主人花了很多時間尋找五顏六色的衣服，自豪地向公眾展示這些可愛的狗（我覺得有些可愛的狗和牠們的主人一樣虛榮，但我無法證實這一點）。我想起了與一位篤信佛教朋友的談話。他問我在學術界得到了什麼；成為學者，到最後為的是什麼？我承認，為的不是我作為行政官僚應該關心如「學術界國內生產總值」這類事情。我是指我們學院和中國其他學校在 SSCI 和 CSSCI 收錄的期刊上，被引用次數有多少，[22] 以及某幾個信譽卓著的研究獎助多寡等等。我不是為了那些。我以教導學生並協助他們有所成就覺得驕傲。我半開玩笑地說，儒家測試學術成就的準則是有多少學生來參加我的喪禮。接著我認真一些地補充說，我希望人們記得我，是因為我寫的書。我的佛教朋友搖搖頭說：「太虛榮，太虛榮了。」但願我能引用（已逝的）偉大的美國社會學家丹尼爾・貝爾（Daniel Bell）的話，「虛榮是人類最不壞的罪。」我想我應該接受那個打擊就好。[23]

第十一章

論象徵性領導

中國在 1912 年廢除帝制。但是君主制的理想並沒有消亡。儒家的改革派人士康有為主張設置一個由憲政制度約束的象徵性君主。1917 年，康有為參與復辟、擁立溥儀登基失敗，而 1949 年中國共產黨的勝利，似乎給了君主制致命一擊。但儒家思想復甦帶來了對中華帝國過去的理想和制度的重新思考。當代儒學思想家蔣慶受到康有為的啟發，強烈捍衛象徵性君主制度這個適合當代中國的理想。蔣慶承認，已經廢除帝制的國家（如中國）很難重建君主政治的體制，但他主張在今天的中國，如果象徵性的君主擁有貴族和古老血統、如果他的血統的本質是政治性的、如果能夠證明是直系且不間斷的血統，甚至如果血統獨特到可以排除其他血統的競爭，以及如果人民普遍尊重和接受這位具有高貴政治血統的人士，那麼，他在人民眼中就有正當性。蔣慶表示，中國歷朝歷代的皇帝後裔都不符合以上條件。他比康有為更深入分析了上述每一種情況後，遙相呼應康有為的主張，即只有一個人有資格成為當今中國的象徵君主：「孔子後裔。」[1]

象徵君主制之美

不可否認，這類提議似乎很奇怪。蔣慶的著作因為過於政治敏感，無法在中國大陸出版。[2] 一般說來同情異見的中國知識分子，卻普遍認為蔣慶是位與時代脫節的反動人士。然而，人們可能會爭辯說，原則上，象徵性統治是個好主意，尤其是在目前施行這種制度的地方。以英國的君主制為例，在位君主行使象徵性權力，政治領導人負責制定實際政策。象徵君主制度最明顯的一面是大多數人都肯定這個制度。2021 年，英國有百分之六十二的公民支持君主制。[3] 但君主制度的未來，也出現了一些讓人擔心的跡象。同一項民意調查顯示，年齡層較低的群體更有可能反對君主制。在加拿大，只有三分之一的公民屬意加拿大繼續維持君主制，百分之四十三的人表示最近發生的幾個事件，顯示王室成員的種族主義觀點。[4] 不過，這並不意味我們應該摒棄君主制度。艾德蒙·柏克（Edmund Burke）學派的保守人士提醒我們「好東西更容易遭到破壞、而不是受到保存，一旦失去就很難找回來」。[5] 如果君主制度確實染上種族主義色彩，那麼適當的反應是改革、而非廢除制度。美國首任總統喬治·華盛頓（George Washington）是奴隸主，對他蓄奴一事的適當反應是廢除奴隸制度，而不是換掉人民選出的總統。

這也不僅是堅持歷史遺產的問題。支持象徵君主制的一方，提出了另一些君主立憲制在當代世界相對成功的有力論述：十一部施行最久的憲法有九個是君主立憲制，世界上最富有的國家中有許多君主立憲國。[6] 正如湯姆·金斯伯格（Tom Ginsburg）、丹·羅德里格斯（Dan Rodriguez）以及貝瑞·溫加斯特（Barry Weingast）三人主張，君主制度象徵性地融合了不同族群，並意圖擔任保護所有臣民——包括少數民族在內——的特殊角色：

立憲君主在二戰期間特別強調保護猶太臣民。[7]君主可以再次保證保守派的舊生活方式受到保護，因此即使在快速現代化的時代也可以顧及他們：麥克阿瑟將軍（General Douglas MacArthur）保留天皇的決定，促使戰後的日本保守派與佔領軍當局合作，日本才得以成功重建，包括原本可能遭到反對的激烈土地改革計劃。君主立憲制也可以降低民粹主義政治出現的可能：「有君主存在，民粹主義者就無法宣稱自己是代表全體人民的唯一真正領導人。」[8]因此，像土耳其總統雷杰普・塔伊普・埃爾多安（Recep Tayyip Erdoğan）或是委內瑞拉前總統烏戈・查維茲（Hugo Chavez，港譯查韋斯）這類民粹主義者在沒有象徵君主制的國家崛起，並非巧合。

象徵君主制的心理秘密是權力分立。我們傾向於將權力區別為立法權、行政權和司法權。但還有兩個更重要、或至少同樣重要的權力是國家元首專有的權力：一是為整個國家的利益做政治決定的權力，另一個是在官方場合代表國家的象徵性、儀式性權力。在美國和中國，這兩個權力合而為一：相當於總統或國家主席。而在英國和加拿大，它們是分開的；君主擁有象徵性、儀式性的權力，經由選舉產生的首相（依靠他或她的政黨以及下議院多數議員支持）擁有決定政策的權力。

在其他條件相同的情況下，象徵性權力和政治權力分開是個好主意。象徵性君主可以將他或她的時間花在儀式上。這是個不必太依賴天賦就可以扮演好的角色。在英國，君主的主要任務是在公開場合看似對現狀心滿意足、發表由他人捉刀的演講、和接待到訪的外國元首。他可能不是佼佼者，但是或不是都無關宏旨；即使他想濫用權力，也沒辦法恣意妄為；他更不能干涉政策制定。既然象徵君主代表國家（包括過去和未來的世代），他就可以牽動人民的情感。人民可以將他們對國家的愛投射到他身上，同時比較理性地評價民選總理或首相的決策。同時，最高政治決

策者可以將時間用在思考對國家有利的適當政策，不需要浪費時間在剪綵和主持國家儀典。

相反的，將象徵權力與政治權力集中在政府最高層的政治制度更容易出問題。在美國和中國，總統或國家主席既是疏通人民情感的管道，也是最重要的政治決策者。因此，人民更有可能因為政治決策者同時也代表國家，而支持他或她的糟糕決策。[9]高層沒有其他管道讓人民表達情緒，人民也不太可能批判領導人的決定。更糟糕的是，兩種權力合體的政治制度，其領導人可能會創造出一種危害國家長期利益的個人崇拜。這不是新論點。歷史學家詹姆斯・漢金斯（James Hankins）就解釋過，文藝復興時期的人文主義思想家弗朗切斯科・帕特里奇（Francesco Patrizi）「明確地批評亞歷山大大帝意圖在他周圍建立領袖崇拜；他評論說，聽從這種虛假的謹慎進言，是亞歷山大王朝在他手上就滅亡的原因之一。他反而讚揚塞魯士國王時期的波斯人（根據古希臘歷史學家色諾芬〔Xenophon〕在《塞魯士的教育》〔Cyropaedia〕一書中的記述）抗拒將統治者神化的誘惑」。[10]在美國，很大一群人將他們對國家的愛投射到前任（也可能是未來的）總統川普身上，無論他可能多麼無能或道德敗壞。任何一個有頂層個人崇拜的國家，就算我們喜歡統治者在合體制度下制定的政策，長期而言，也很難對其前景樂觀。如果人民將情感投射到政治統治者身上，一旦統治者「去見馬克思了」（一如舊時常見的提法），那麼，政治制度是否會像他們在中國常說的那樣，缺少了正當性？

下層「政府」的象徵領導

我擔任院長的第一個任期在2020年屆滿結束。最後一年，我的工作幾乎完全是象徵性的儀式。由於新冠疫情肆虐，國際化工作已經胎死腹中，我幾乎沒有任何實質事情可做；除了主持晚

宴招待來訪賓客，和參加迎新送舊的儀式和畢業典禮。我也學會了中國官員的說話風格：不論主題為何，發表講話時一定不帶感情、並且只講三個重點。[11] 但是，我的講話主要是為我們的學院「宣傳」，比如在新學年開始前，對一年級新生的父母簡短說幾句話，向他們保證學校會照顧好他們的（成年）孩子。我慢慢地脫離其他的工作，並找藉口不參加馬拉松式的「班子會」。我等於是象徵性領導的身分現在很明確：用沛的話說，就是我成了學院的熊貓。

　　我並不是質疑象徵性儀式對領導者的價值。恰好相反。觀察政府最高層如何運作，可能可以更清楚看出象徵性儀式的價值。[12] 正如愛德華・繆爾（Edward Wallace Muir Jr.）指出，威尼斯共和國能夠長治久安，是「透過虔誠、並且極度保守、亦步亦趨地遵從儀式和傳說才達成的；也就是說，靠的是能讓政治秩序顯得既神秘又神聖的一種習慣」。[13] 試想，一旦領導人停止執行儀式時會發生什麼事。中國歷史上有一個著名的例子：明朝著名的萬曆皇帝（1572–1620 年在位）。正如黃仁宇在其傑作《萬曆十五年》（*1587, a Year of No Significance: The Ming Dynasty in Decline*）中記載，中國君主最重要的任務是管理人事和禮儀。然而，非常聰慧和敏銳的萬曆皇帝，在繼任人選等關鍵政策無法按照自己的意願行事時，就逐漸覺醒了。在他統治的最後廿年裡，基本上無所事事，退出公共事務領域，並且拒絕執行皇帝在政府中的職責，最終導致眾叛親離，造成明朝滅亡。回頭探討這一段歷史，問題不在萬曆無法執行人事管理這個「實質性」工作，因為大部分工作都可以由官僚組織中以賢能為標準選出的公職人員完成。問題在他疏於執行監禮糾儀這種無法替代的「象徵性」工作。「失去太多個人身分、而且幾乎沒有私人生活」的皇帝要造反，其原因或許可以理解。[14] 監禮糾儀之責就算不致讓人心力交瘁，也極其繁

重。但是，正如當時的首輔指出，人們相信這些禮儀中有一種浩然有序之氣在推動帝國不斷運轉：

> 本朝治理天下，禮儀的巨大作用無法取代，已略如前述。皇帝並無可恃之師供其差遣、甚至沒有廣大的土地；以一人為天子，君臨天下，實因億萬臣民信念所致。這種信念要求皇帝及其重臣透過各種禮法與儀注，以活力規律地實踐儀節，以百姓福祉為懸念，宣揚美觀和教化意涵。排場大小暫且不論，儀節要求一應臣工反覆磕頭，意在強化帝國之至高無上。然而，唯獨皇帝參加此等儀式，這一事實就代表他服從宇宙秩序和道德法則。正因為經典枯燥乏味，才需要反覆聽講。在酷暑、寒冬和始曉前的黑暗中舉行早朝，都只是在考驗意志。耿御史也強調過紀律和忍耐。即使皇帝勸民農桑的耕田儀式中，顯然也有一定程度的象徵。但象徵不一定代表不實。我們必須明白，當所有參與者對它的信念一致時，它就是一個強大的政府工具。[15]

因此，當萬曆皇帝不理會他的象徵性職責時，他就粉碎了支撐整個體制的「神奇」架構。用現代的話來說就是：君王參與禮儀的進程，讓人民相信政治制度是合法的；如果沒有這個信仰，這個制度就無法長久存在。

也許，我們現在就能更喜歡我最敬愛的君主、過世不久的英國女王伊莉莎白二世的成就：她是一位沒有實權的象徵統治者，但這個工作不僅非常困難、也非常重要。正如在（半虛構的）電視影集《王冠》（The Crown）中，瑪麗女王正式冊封為王前對伊莉莎白說的那句話：「什麼都不做是最困難的工作，它會耗盡你所有的精力；公正不倚是不自然的，不是人的本性。」我明白，對於一個擔負象徵性責任的小官員來說，風險沒有那麼高，但我

參加儀式典禮時，確實直接體會到女王那句話的真義。什麼都不做非常辛苦！想像一下，為了頒發證書給即將畢業學生的場景：我們這些領導必須站三個小時，將證書一一交到數百名學生手上，沒有上洗手間的中場休息時間。我們的袍服融合西方和中國的傳統，有多種顏色，不同的顏色對應不同的行政等級（院長是黑色搭配紅色；我承認我很羨慕大學校長和大學黨委書記的黃色袍服，類似皇帝的標準服裝）。我們對學生不能表現差別待遇。當我頒發證書給自己的學生時，必須盡量不露出我的熱切祝賀之意，也盡量不回應對方的笑臉。我必須對每個學生說「祝賀」，而且要聽起來每次都同樣熱情。

我擔任院長的第一份合約於 2020 年底到期，我希望將工作交給我的接班人，回歸全職教學、閱讀和寫作。我試著達到外王的境界，戮力以赴，但發現那不是我的使命。原因不是我對體制不屑一顧，恰巧相反。就理論來說，我們治理的這個大型學院，在制度上沒有太大的改進空間。各領導分工明確，各有各負責的領域；每兩週召開一次會議，過程中領導們會交流結案心得以及解決問題的方法。這種（對我來說）不見得總是能以高效運行的做事方式，至少可以避免明顯的錯誤決策，因為沒有人能帶著錯誤逃過會中集體審議那一關。我非常欽佩那些為學院利益努力不懈的領導者。西方人經常取笑中國的公職人員總在開會時勤做筆記，究其實，重視學習、努力工作和解決問題，是中國官僚文化中根深蒂固的一面。[16] 他們——應該說「我們」——在工作日的大部分時間都在討論「小」事情，例如辦公室空間、以及「大」議題，例如改善我們學院的十五年計劃。但是，我真的是沒有力氣繼續做這工作了。當我告訴我們的黨委書記，我更想回去從事教學和研究的時候，他卻怎麼都不讓我離開。我告訴他，我已經成了「只有」象徵功能的領導，也就是說，我該讓賢的時刻到了。但他說，加拿大和中國關係當時正處於低谷，我在那個時間點離

職反而不好，因為外界恐怕會解讀為我是因為政治因素遭到清洗。[17] 接著，他恭維我，説我留任，對我們學院的聲譽是好事。

　　我請教一位學院裡信得過的熟朋友。他説，我對學院有利，原因就是我成了象徵的領導者；我從不捲入爭議（而且什麼事都不做），這點有助維持學院和諧，減少過去帶來困擾的派系鬥爭（派系領導人很少向我抱怨，這和我初來乍到的前幾年不同，當時，我認為我能夠把事情都處理好）。他引用道家與法家關於領導統御的看法，即領導人大多數時候什麼都不做，這也正是他擴權的原因。這個想法是，領導人藉無所作為累積神秘感，等到他真正干預時（就像鄧小平在 1992 年，替主張以市場力量帶動經濟成長的深圳模式背書），人民就會傾聽。此外，由於不經常干預，領導者的慾望不會顯現，因此大臣或其他僚屬就不至於要控制他。如果有必要，我可以在學院有難時有效介入，及時「拯救」我們的學院，就像泰國國王在 1992 年襄助平息內亂、恢復民主一樣。聽完這番話，我除了受寵若驚，但也認清，我真的已經成為一位純粹的、不干預學院教務的象徵性領導，就算出現非常難得的機會，也不打算干預；此外，我也沒有一套野心更大的主計劃或累積實力、以備不時之需的秘密計劃。

　　在女王——我的女王（我是加拿大公民）——的啟迪下，我接受了 K. 書記邀約，繼續擔任院長一職。我告訴他，我只會做一年或兩年的象徵性工作，同時培養接班人。值得探究的是，為什麼伊莉莎白女王緊抓著（象徵性）權力不放，直到生命盡頭？在她擔任女王的最後幾年，可以説，她已經沒有足夠精力做什麼事。查理三世（Charles III，港譯查理斯三世）國王可能有瑕疵，但（在我看來）他善於執兩用中，並且有必要的精力來執行作為公正的、象徵性的統治者這一項「最困難的工作」。然而，在我試圖辭去象徵性領導人的職務以失敗告終後，我想到，女王可能也遭遇到阻止她將權力移轉給她兒子的幕後障礙。如果這是實情，

我就更佩服她。一位象徵性領袖「被迫」負擔主導禮儀的繁重任務直到九十多歲，怎麼會有人不敬仰她呢？

那麼，在中國，恢復象徵君主制的前景如何呢？在可預見的未來，看起來沒什麼機會：政府官員如同大多數知識分子，對這個想法嗤之以鼻。我在中國還不曾遇見擁護君主制的年輕人。未來情況可能會有所轉變（沒幾個人曾預料到西班牙會在 1978 年恢復君主立憲制）。我曾在香港遇見一位前滿族公主的後裔，她對她的家族可能取回（象徵性的）權力滿懷希望。但是，她似乎有點古怪，至少我這麼認為。蔣慶提議的由孔子直系後裔即位的建議，可能稍微比較靠譜，但也有點問題：孔子後裔可能缺乏才與德，或者像我一樣，缺乏擔任象徵性領導者這個角色的精力。或許象徵君主可以從孔子後裔中（中國有三十多萬人，主要集中在山東省）依其賢能功績選出。我可以想到一些可能適合這個角色的人。但請容許我在尚未疏遠讀者前，先在這裡打住。

後記：成婚在新冠蔓延時

我的離婚登記於 2020 年 2 月 11 日正式生效。我和汪沛打算在我離婚後盡快結婚，卻碰上新冠病毒來襲，不得不放棄辦一個邀請親朋好友參加的大型觀禮計劃，但我們還是得在結婚的法律文件上簽字。一般來說，這是一種無聊的官僚作業，但姑且不論好壞，它其實沒有那麼無聊。

沛請她的道教師傅為婚禮選一個吉日。我們打電話給上海市民政局婚姻登記中心——上海市辦理與外國人結婚登記的唯一地點——很容易就預約到 3 月的一個我們（其實不那麼隨機？）選定的日子。一方面，上海的外國人已經所剩無幾；大多數人因為擔心疫情，都回國了，甚至來辦理結婚登記的中國人也比平時來得少。相對的，離婚則要等上六個月。當時正值新冠疫情初期，申請離婚的案件已經呈指數級增長。我猜想，並不是每個人都喜歡和配偶無限期地關在一起。

我們備好文件，包括北京市海淀區人民法院發給的那份最重要的離婚證明，前往婚姻登記中心遞件。但門口的保安不讓我進去，因為我的手機沒有安裝疫情期間的電子通行證「健康碼」，所以手機上也不會出現綠色健康碼，證明我沒有感染新冠病毒。但

中國畢竟是中國：規定很重要，有時候甚至必須嚴格執行，但有時候只要說說好話、連哄帶騙、裝可愛、有禮貌再加上道歉，如此，就算不靠行賄或不講關係，通常也有機會繞過規定。我們懇求保安，解釋我們「只想」結婚，告訴他我們過去幾星期都沒有離開上海（但並沒有提到最近的泰國行）。他覺得我們的態度的確誠懇，量了我們的體溫之後，就放行了。

我們是唯一一對來辦理登記的新人。登記中心的登記員態度和善。她表示，我必須證明自己是單身。我解釋，我剛離婚，現在當然是單身——並出示幾週前北京發給的中文離婚證明讓她看——但她回答說，外國人只有這個證明不夠。我還得提供一份加拿大政府出具的證明。最讓我摸不著頭緒的是，那位登記員特別交代我要給她一份中文表格，表上要註明我的婚姻狀態是「單身」、而不是「未婚」。我已經學了三十年中文，但對於「單身」與「未婚」的細微差別還是一籌莫展，這又是個證明我的語言能力不足的例子。沛解釋說，「未婚」意指「從未結婚」，不是「目前無婚姻」；此外，因為我結過婚，所以用「未婚」描述我的婚姻狀態會有誤導之虞。

接著，我聯絡加拿大駐上海總領事館，預約公證日期。對方告訴我，因為疫情影響，總領事館暫停公證服務，最快要到4月中才會恢復。這意味我們無法在沛的道教師傅選定的好日子結婚。我們都有點難過。由於疫情影響，我們造訪的餐廳門可羅雀。沛和我享用了一頓味美豐盛的義大利佳餚和葡萄酒，心情為之一變，興致再次高昂；我們在幾乎無人的餐廳擁吻，此時，餐廳另一端出現一位上了年紀的中國婦人，大概是因為看到我們過度放閃，腳步有些遲疑。我覺得很不好意思，但義大利主廚、也是餐館主人一笑置之。我們告訴他，我倆就要結婚了，他撫掌表示祝賀，補了一句：「哦，我替你感到難過。」我們笑了出來，他「解釋」說，他的妻子是上海人，掌控全家的財政大權。沛告訴他

她不是上海人時，主廚老闆的表情輕鬆了些。他回到廚房再出現時，為我們端上超大份的義式家常菜。我們餐畢準備離開時，他摘下口罩，牽起沛的手親吻。我戴著口罩暗自做了個鬼臉，但也更能理解，為何義大利受到病毒襲擊，災情會如此慘重。

　　加拿大總領事館按計劃重新開放。4月中旬時，上海的新冠病例相對較少，人民生活也慢慢恢復正常。我與負責領事業務的官員面談時，說明我不能選填「未婚」的原因，但我看到她交給我加拿大政府的官方英語表格時，我的心為之一沉。因為表格上的選項只有「未婚」、沒有「單身」。我向領事官解釋，這樣行不通，因為我需要的是一份載明我是「單身」的文件。那位官員笑著說，不用擔心，他們經常發這個表格給要在上海結婚的加拿大人，從沒有遇到過任何麻煩。我當著她的面在表格上簽了字，並宣誓我說的是事實，接著，她代表加拿大政府在表格上簽了字，我付了費用，就離開了。

　　當然，我還是擔心上海市政府不接受那份證明我「單身」身分的表格。沛比較有信心。她把表格傳給一位在官方認可的協力翻譯公司工作的朋友，還特別要求對方將「unmarried」譯為「單身」。我們不久後就收到「正確」翻譯成中文的表格。接著，我們打電話給婚姻登記中心預約隔天去登記。但是，這一次是另一位看起來更嚴肅的保安守門。我們意識到，這回再「賣萌」不太可能奏效。果不其然，保安不讓我進門，因為我的手機上沒有「健康碼」。我們一再解釋，外國人得到健康碼的程序非常複雜（我們沒有提到2月份去泰國旅行的事，因為可能會讓情況更困難）。最後，經過多番懇求，他讓我們通行了。我們也還是在場的唯一一對新人。此外，翻譯的表格有效，我們的文件也獲得批准，我因此鬆了一口氣。我們詢問，頒證時是否可以邀請親友觀禮，他們說，頂多就兩、三個人，因為受疫情影響，舉行頒證儀式的禮堂關閉，所以我們必須改在一個小辦公室裡進行頒證儀式，人

數再多就不行了。我問，我們能不能夠帶我們的貓觀禮，登記員聞言也不覺得好笑，説「不行」。

沛請她的道教師傅另擇一個好日子，她建議了幾個 4 月下旬的日子，讓我們方便點。我們先試著預約第一個我們有空的日子，後來改訂在另一天，也就是 4 月 26 日領證成婚。這回，我真的開始擔心，萬一又因為沒有健康碼進不了門的問題。如果我們邀請一些朋友觀禮，我卻因為保安不讓我進門而必須取消婚禮，怎麼辦？另一方面，我又擔心，如果我們真的申請健康碼，可能受到那一趟泰國旅行影響，出現的不是綠色，這樣就更難獲准進門了。但沛説不用擔心。她拿走我的手機，一步步走過申請健康碼的程序；由於我是外國公民，所以程序更麻煩。最後，她提交了資訊，我們就等待手機上顯示的顏色。結果，出現的是綠色！

我們的婚禮規模非常小。沛邀請了她的「伴娘」，我邀請了我的「伴郎」，都是我們在上海的老朋友。我們提前抵達登記中心，我在入口很引以為傲地出示綠色健康碼，保安也微笑地揮手讓我們進門。當時還是新冠疫情時期，所以我們一直戴著口罩。接著，我們又量了兩次體溫。不出所料，那天登記中心還是空無一人。我們坐在頒證員對面，她問我們是否願意結婚。我笑著説當然，否則我們為什麼會在這裡？她無視我的回應，看著沛，再問她願不願意結婚。沛説願意。我突然想到，強迫婚姻的歷史肯定仍然「活」在人的腦海裡，否則就沒有必要提出這個問題。我對於現在社會出現「強迫婚姻」的原因是什麼感到好奇。也許他們的父母給他們很大的結婚壓力？但是一對「不情願結婚」的新人，會在最後一刻向婚姻登記員抱怨，並推遲他們的婚禮嗎？我想，這就像在「西式」婚禮中，牧師或婚禮主持人詢問現場賓客是否有人反對新人成婚一樣；只不過，我眼前的這位辦事員詢問是否

願意結婚的對象是新人。但無論哪種情況，幾乎不可能有人會反對。

我們簽了幾份文件，表明我們願意結婚；然後我開玩笑地問，婚禮現在結束了嗎？頒證員終於勉強地擠出一絲笑容，說：「還沒有。」這時，我們請來的兩位朋友已經抵達，頒證員表示，今天為了我們開放頒證廳。這種安排違反了在新冠疫情期間頒證廳應該關閉的規定。她解釋說，今天沒有其他人在這裡領證，再加上我們有「一群人」，所以他們可以打開禮堂。我們表達了感謝之意。頒證廳看起來像是個小教堂，但是國徽取代了宗教符號。我們即將在中國政府批准下正式結婚。在西方國家，婚姻往往更傾向去中心化——我最近在蒙特婁參加侄子的婚禮，儀式由當地的民選官員主持。但在中國，依法准駁婚姻的單位是中央政府。[1]領證前，我們又被問了一次，我倆是不是自願結婚。這一次，我們毫不含糊地說「是的」。頒證員接著問我們的關係是否平等。我回答說，我們有一套家族等級制度，沛的地位比我的高。這個笑話沒有引起「笑果」，頒證員重複問一次問題。我們兩人都說：是的。然後頒證員要求我們讀一份文件，有中文和英文兩種版本。沛和我看了兩個版本，都笑了，因為它們如此不協調地各異其趣。以下是英文版本（保留原件錯別字與標點符號）：

I, [Your name], take you [Fiance or fiancee's
Name], to be my husband/wife, my partner in life
andmy one true love.
I will cherish our friendship and love you today,
tomorrow, and forever.
I will trust you and honor you
I will laugh with you and cry with you.
I will love you faithfully

Through the best and the worst,

Through the difficult and the easy.

What may come I will always be there.

As I have given you my hand to hold

So I give you my life to keep

For where you go I will go,

And where you go I will stay

May theLord do with me and more if anything but

death parts you and me

（以下為本書翻譯的中文版本）

我，〔你的姓名〕，願意你〔未婚夫或未婚妻的
姓名〕成為我的妻子／丈夫，我的人生伴侶
以及我的真愛。
我會珍惜我們的友誼並愛你，今天、
明天，直到永遠。
我會信任你並榮耀你，
我會和你一起笑，也會和你一起哭。
我會忠實地愛你，
無論順境或逆境，
困難或是容易。
無論發生什麼事，我會一直都在那裡。
正如我已經將我的手交給你握著，
我也把我的一輩子交給你照顧。
你往哪裡去，我也往那裡去；
你在哪裡住宿，我也在那裡住宿，
你到哪裡我都會跟著你。
除了死能分開你我！
不然，願主重重地降罰與我。

　　這不是史上最讓人動容的結婚誓言，但我們最驚訝的是誓言中提到「主」。這可能是某種時代基督信仰的遺產，似乎不應該出現在一個官方立場是無神論的國家批准的婚禮上。而我們宏亮地讀出那份文件的中文「版本」如下：

> 新人雙方共同宣讀：
>
> 　　我們自願結為夫妻，從今天開始，我們將共同肩負起婚姻賦予我們的責任和義務：上孝父母，下教子女，互敬互愛，互信互勉，互諒互讓，相濡以沫〔貝淡寧註：典出《莊子》〕，鍾愛一生！
>
> 　　今後，無論順境逆境，無論富有貧窮，無論健康疾病，無論青春年老，我們都風雨同舟〔典出《孫子兵法》〕，患難與共〔典出《禮記》〕，同甘共苦〔典出《戰國策》〕，成為終生的伴侶！
>
> 　　誓言人：

　　中文版引人注目之處在於它強調儒家的價值觀，例如「孝」與「順」，包括引用了儒家五經之一《禮記》中的一個典故。但除了儒家，這個誓言也受到道家學派思想家莊子的影響，並引用戰國時代的兩本著作《孫子兵法》和《戰國策》中的典故。我既驚且喜的是，一份婚姻文件不只體現了自己是一個歷史悠久的文化的一部分的感覺，也體現了作為中國人或成為中國人會具備的那種相對寬容、不拘一格和不囿於一尊的心胸（此情此景若是發生在西方，大約相當於一對新人在婚禮上宏亮地讀出引述修昔底德、柏拉圖、亞里士多德、莎士比亞、馬基維利和華茲華斯的婚姻誓言）。我們也一起宏亮地大聲讀了這份文件，我讀到幾個不太認識的字時，就囫圇吞棗般混過去，希望沒有因此露餡。然後我們各自拿到了中央政府批准的結婚證，證明我們的婚姻合法。我們

圖 12.1：汪沛和貝淡寧拿著結婚「護照」合影，兩人背後是中國國徽，身旁是國花牡丹。圖片提供：貝淡寧、汪沛。

用手指頭沾了紅墨水，在結婚證上按捺指紋，我想，過去皇帝也是這麼做吧。我倆各有各的附照片結婚證，就像護照一樣。我們摘下口罩，合影留念。我和沛都感動了，感覺我倆的關係得到幾千年的歷史和帝國最高層的認可。

　　儀式結束後，我們和我的「伴郎」去了他位於上海「法租界」的辦公室（外籍人士和當地人仍然以這個殖民語彙描述該街區）。我的朋友是一位玩世不恭的上海資本家；他的強硬民族主義觀點讓他惡聲在外，他曾經告訴我們，他不贊同異國婚姻，毫不在意我的看法。但他說，我在他心目中是位可敬的中國人，所以他不在意。我問我這位朋友對婚姻誓言中提到夫妻應該平等的看法為何。他說，那只是開始，之後應該有不平等的空間。我很

高興沛聽到這個笑話也笑了出來（在我們合著的《正序論》一書中，沛和我認為，如果親密的人之間的等級制度具有角色轉換的特質，那麼他們的等級制度就是合理的；所以這位朋友的玩笑話並不違反我們的信念）。我們吃了點蛋糕和咖啡，並在他辦公大樓的豪華花園裡拍了張照片。然後我們討論了是否需要制定一個對抗《世界人權宣言》的文件，強調更適合後新冠世界的價值，例如責任、等級制度和團結。我們設想了一些標題，例如「捍衛進步保守主義」（In Defense of Progressive Conservatism）、「社群主義宣言」（The Communitarian Manifesto）和「相互獨立宣言」（Declaration of Inter-dependence）。我們還討論了世界各地有哪些政治家、商業大亨和公共知識分子可能會支持它。我們沒有時間討論內容，但我的「伴郎」委託我寫初稿，我答應了他，但是沒有訂時程。

圖 12.2：永遠好奇、不自覺美麗的小喆喆照片。圖片提供：貝淡寧、汪沛。

　　接著，我們和沛的「伴娘」和她的男朋友一起吃了一頓義大利家常菜。聊的多半是養育貓狗的最佳方式。沛花了無數時間照顧我們那隻生病的小貓「小喆喆」（寓意「哲學」和「吉祥」）。所幸牠似乎好多了，我們也因此鬆了口氣。喝了幾瓶酒之後，我們跌跌撞撞、蹣跚走出了餐廳。路上遇到了一隻小狗，穿著常見的上海風格可愛寵物服裝：五顏六色的外套和小靴子。伴娘的男友剛剛吃飯的時候還主張應該效法法家，以嚴刑峻法控制寵物，這時卻輕輕地撫摸著那隻看來傻乎乎的小狗。沛和我趕緊回家，對於我們竟然忽視心愛的小喆喆這麼久覺得愧疚……

註釋

導言

1. 參見：王志民、海倫·卡拉瑪倫古（Eleni Karamalengou）主編：《稷下學宮與柏拉圖學園：比較研究論集》（北京：三聯書店，2021）。

2. 參見 William Kirby, *Empire of Ideas: Creating the Modern University from Germany to America to China* (Cambridge, MA: Harvard University Press, 2022), ch. 9。我在清華大學服務時的親身經歷，讓我覺得中國離國際化還有一段長路要走。我是在 2004 年應聘進入清華服務，2017 年我離職時，哲學系只剩我這位全職外籍教師。知名的北京人民大學在 2022 年初宣布退出國際大學排名。此一決定，也許反映了中國高等教育體系也捲入了「去國際化」的反潮流，令人憂心。（https://www.weekinchina.com/2022/05/education-divide/?dm&utm_medium=email&utm_campaign=WiC585%2020%20May%202022%20Clients&utm_content=WiC585%2020%20May%202022%20Clients+CID_660d1e40354ace677892475cd884fcc7&utm_source=weeklyemail&utm_term=Education%20divide）（編案：此書撰寫時有效）。

3. 就在 2017 年我到任前不久，山東大學才剛延攬了芝加哥大學著名學者楊大利到該校主持一所研究公共治理的新單位。

4. 參見 Y. Guo, S. Guo, L. Yochim, and X. Liu, "Internationalization of Chinese Higher Education: Is It Westernization?" *Journal of Studies*

in International Education 26, no. 4 (2022): 436–53（https://journals.sagepub.com/doi/full/10.1177/1028315321990745），以及 Yang Rui, "China's Strategy for the Internationalization of Higher Education: An Overview," *Frontiers of Education in China* 9, no. 2 (2014): 151–62.（https://link.springer.com/content/pdf/10.1007/BF03397011.pdf）。

5.　我用「保守」二字，意指與中國其他地方的人相比，山東人與傳統文化的連結特別強，受到外來文化影響的程度較低。山東風格的保守主義有其黑暗面，即與家父長制度下的常規結合關係更緊密。關於這方面的討論，見貝淡寧與汪沛著，*Just Hierarchy: Why Social Hierarchies Matter in China and the Rest of the World* (Princeton, NJ: Princeton University Press, 2020), 1–6（本書中文版：《正序論：現代社會的平等、正義與秩序》〔北京：中信出版社，2022〕）。

6.　見 Dingxin Zhao, *The Confucian-Legalist State: A New Theory of Chinese History* (Oxford: Oxford University Press, 2015)。

7.　見 Guy S. Alitto, *The Last Confucian: Liang Shuming and the Chinese Dilemma of Modernity* (Berkeley: University of California Press, 1986)。

8.　見 Daniel A. Bell and Thaddeus Metz, "Confucianism and Ubuntu: Reflections on a Dialogue between Chinese and African Traditions," *Journal of Chinese Philosophy* 38, no. 1 (2011): 78–95。

9.　蔣慶的著作譯成英文，請見 Jiang Qing, *A Confucian Constitutional Order: How China's Ancient Past Can Shape Its Political Future* (Princeton, NJ: Princeton University Press, 2012)。我到他開辦的書院「陽明精舍」拜訪的紀錄，見 Daniel A. Bell, "A Visit to a Confucian Academy," *Dissent*, September 22, 2008（https://www.dissentmagazine.org/online_articles/a-visit-to-a-confucian-academy）。

10.　見 Bai Tongdong（白彤東），*Against Political Equality: The Confucian Case* (Princeton, NJ: Princeton University Press, 2019)。

11.　見 http://citeseerx.ist.psu.edu/viewdoc/download?doi=10.1.1.733.6634&rep=rep1&type=pdf#page=968（編案：此書撰寫時有效）。

12.　2021 年 5 月，中國國家主席習近平視察了位於山東濟南的人文與社會科學學術期刊《文史哲》的編輯部後，推動了該期刊發展。《文史哲》的英文版稱為 *Journal of Chinese Humanities*。副主編是另一位美國移民孟巍隆（Benjamin Hammer）。

13. 本段內容利用了我的著作 *China's New Confucianism* 平裝版的序言。見 *China's New Confucianism: Politics and Everyday Life in a Changing Society* (Princeton, NJ: Princeton University Press, 2008)。中文版是貝淡寧著、吳萬偉譯，《中國新儒家》(上海：上海三聯書店，2010)。

14. 戰國時代，在這塊現在稱為山東的地區，有不少現已不存的國家的文化遺址，也有一些博物館會展出這些國家的文物。而儒家遺產在這些博物館和文化遺址中也很突出。淄博市的齊文化博物院自豪地討論齊國對儒家傳統的貢獻，滕州博物館則突出孟子關於小而勇敢的滕國的談話。一個例外是墨子紀念館 (也在滕州)。與該館陳展的墨子理想和發明相比，館方不敢恭維儒家貢獻的態度相當明確。我和我的妻子是和一位處事沉著的孔子後代一起造訪墨子紀念館，他參觀後非常憤怒。

15. 我的運氣不好，搭機時經常坐到引句是「父母在，不遠遊」(《論語·里仁第四》，第 19 章) 的位子。我看到這句話，一股罪惡感就會油然而生，因為我沒有辦法照顧住在蒙特婁的年邁母親 (現在是我的妹妹照顧她)。

16. 見「探索」頻道製作、非常精彩的紀錄片 Confucius: The Sage Who Shaped the East (https://www.youtube.com/watch?v=qaFDr11g4Rg) (編案：本文撰寫時有效)。

17. Anna Sun, *Confucianism as a World Religion: Contested Histories and Contemporary Realities* (Princeton, NJ: Princeton University Press, 2013), 90–91。關於儒學復甦的第一手敘述，見 Sébastien Billioud and Joël Thoravel, *The Sage and the People: The Confucian Revival in China* (Oxford: Oxford University Press, 2015)。

18. 請見我替《史丹福哲學百科全書》(*Stanford Encyclopedia of Philosophy*) 撰寫並解釋社群主義的詞條 (https://plato.stanford.edu/entries/communitarianism/)。

19. 就像中國加入「世界貿易組織」幫助了中國的改革力量一樣，因為改革派人士可以藉此替他們提出的不受歡迎政策——如國營企業數百萬工人下崗——辯護，美國增加對抗中共的力道，也有助中國的安全部門替他們要維護、但改革派不喜的強硬政策辯護。外部力量「改變中國」的主要方式，是為中國政府的某些部門創造藉口，以推動原本難以實施的政策。

20. 美國的公職官員和中國一樣，退休後往往會更自由地公開反對主流說法。例如，傅立民（Chas W. Freeman Jr.，退休美國政府官員、外交官、尼克森〔Richard M. Nixon，港譯尼克遜〕訪華時的美方傳譯。）對美中關係出現的問題以及如何解決的深刻見解，見 Chas Freeman, "The Sino-American Split: At Sea with a Broken Compass," The Institute for Peace & Diplomacy, September 10, 2021（https://peacediplomacy.org/2021/09/10/ipd-remarks-ambassador-chas-freeman-sino-american-split/。同樣的，前加利福尼亞州州長傑利‧布朗（Jerry Brown）譴責他所謂的「華盛頓瘋子現實主義」掩蓋了美中兩國既要合作又要競爭的現實，見 Jerry Brown, "Washington's Crackpot Realism," *The New York Review*, March 24, 2022（https://www.nybooks.com/articles/2022/03/24/washingtons-crackpot-realism-jerry-brown/）。另見李侃如（Ken Lieberthal，曾於柯林頓〔Bill Clinton，港譯克林頓〕政府擔任總統的副國家安全顧問和美國國安會亞洲事務資深主任）對美中關係的知情和平衡分析，見 David Barboza, "Ken Lieberthal on Washington's Major China Challenges," *The Wire China*, April 24, 2022（https://www.thewirechina.com/2022/04/24/ken-lieberthal-on-washingtons-major-china-challenges/）。其他國家的退休官員也是如此：例如澳大利亞前總理陸克文（Kevin Rudd）對美中關係的持平描述：*The Avoidable War: The Dangers of a Catastrophic Conflict between the US and Xi Jinping's China*（New York: PublicAffairs, 2022）。

21. 我並非暗示中國的偏執只有一個原因，就是美國對中國的敵意。具有法家色彩的反腐運動製造了許多政治敵人，領導人有充分理由擔心數十萬遭到清洗的幹部及其支持者的反彈。反腐運動現在似乎不若以往般雷厲風行，壓力可能會逐漸減弱（見本書第四章）。

22. 更精確的說法是，除非美國主動（或軍事）支持台灣正式獨立，否則，中國的強硬派不會威脅要與美國一戰。

23. 儘管如此，中美可能在東亞開戰，戰事並會外溢至美國領土或美國領土附近。參見 Graham Allison, *Destined for War: Can America and China Escape Thucydides's Trap?* (New York: Houghton Mifflin Harcourt, 2017)。更悲觀的觀點，參見 John Mearsheimer 接受 Rodion Ebbighausen 的訪問，Ebbighausen, "The US Won't Tolerate China as Peer Competitor," *DW*, September 23, 2020（https://www.dw.com/en/

chinas-rise-and-conflict-with-us/a-55026173)。相比之下，中國主要的現實主義思想家閻學通認為，中國的目標是在不打仗的情況下變得強大。參見 Yan Xuetong, "Becoming Strong: The New Chinese Foreign Policy," *Foreign Affairs*, June 22, 2021 (https://www.foreignaffairs.com/articles/united-states/2021-06-22/becoming-strong)。

24. 參見 Fareed Zakaria, "The Pentagon Is Using China as an Excuse for Huge New Budgets," *The Washington Post*, March 18, 2021 (https://www.washingtonpost.com/opinions/the-pentagon-is-using-china-as-an-excuse-for-huge-new-budgets/2021/03/18/848c8296-8824-11eb-8a8b-5cf82c3dffe4_story.html)。

25. 參見 https://ash.harvard.edu/publications/understanding-ccp-resilience-surveying--chinese-public-opinion-through-time，以及 https://www.edelman.com/sites/g/files/aatuss191/files/2022-01/2022%20Edelman%20Trust%20Barometer%20FINAL_Jan25.pdf（編案：本文撰寫時皆有效）。

26. 編案：香港政府的人口統計，一般採用「平均預期壽命」計算。

27. 參見中國歐盟商會主席（Joerge Wuttke）接受 Mark Dittli 的訪問，Dittli, "China's Leadership Is Prisoner of Its Own Narrative," *The Market*, April 28, 2022 (https://themarket.ch/interview/chinas-leadership-is-prisoner-of-its-own-narrative-ld.6545)。

28. 鑑於目前的政治環境（見第八章），以這種絕不遮醜的懺悔體寫書，不容易在中國出版。我的觀點是，更如實地描述中國政治制度，終究對它有利：他們會借力給既支持也批評中共政治制度、並希望這個制度更人性的改革力量。

29. 溥儀的懺悔不同尋常之處在於，它們以書籍形式面向公眾出版。在革命後的中國，最接近第一類懺悔，也就是為了道德進步，從更高道德真理的角度坦承犯下的道德錯誤的懺悔；但是在中共黨員群體中，這些坦承材料往往以「自我批評」和「相互批評」的形式表現，見不得光，無法在公共領域檢視。我們從外部無法判斷，這類懺悔在多大程度上是套路或是由衷之言，就像我們無法判斷向天主教神父秘密告解的內容是否出自肺腑一樣。

第一章

1. 引自 *Australian*, September 2, 2007。

2. Goodyard Hair, "How Did Old Ancient Dye Hair," *Goodyard*, December 3, 2012 (https://www.goodyardhairblog.com/how-did-old-ancient-dye-hair.html).

3. Celia Hatton, "Fighting Grey: Why Do China's Leaders Dye Their Hair," *BBC*, March 12, 2013 (https://www.bbc.com/news/world-asia-china-21738733).

4. Hatton, "Fighting Grey."

5. 我在此處依循中文的習慣說法。中文用白髮（白頭髮）或英文用「gray hair」形容上了年紀的人的髮色，但是，從科學的角度看，這兩種用法都不盡精確：「頭髮實際上是透明的，而不是灰色或白色。這是由於毛囊中缺乏黑色素和色素沉澱。只是光線反射的方式不同，讓髮色看似白色或黑色。」參閱 M. Emelda, "Difference Between Grey and White Hair," *Difference Between Similar Terms and Objects*, March 13, 2018（http://www.differencebetween.net/science/health /difference-between-grey-and-white-hair/）。

6. Zheng Yongnian and Chen Gang, "China's Political Outlook: Xi Jinping as a Game Changer," *East Asian Policy* 7, no. 1 (2015): 5–15 (https://www.worldscientific.com/doi/abs/10.1142/S179393051500001X).

7. 除了習近平，中國官場還有其他官員不總是遵守這個常規，比如外交部長王毅與前副總理劉鶴。但是，他們不是集體領導群的成員，而且他們得經常與外國人打交道；外國人可能比較習慣「自然一點」的樣子。

8. 引自 Steven Jiang, "Gray Leap Forward: Xi Jinping Shows Natural Hair Color in a Rare Move for Chinese Politics," *CNN*, March 9, 2019（https://www.cnn.com/style/article/xi-jinping-gray-hair）。

9. 我把「自然」這個詞加上嚇人的引號，原因是習主席的髮型師可能技藝高超，練就了一手染黑頭髮搭配少量白髮、感覺很自然的染髮絕活。我認識一位在中國工作的大學院長，他把頭髮染成黑色，搭配幾小撮時髦的灰髮，看起來更「自然」。

10. 關於開會的門道，請見第三章。

11. 聽講時記筆記的行為與講話內容不必然相關。我聽講時記下來的筆記，有些內容要是講出來還真是尷尬，不說為宜。

12. 石黑一雄的小說《克拉拉與太陽》(*Klara and the Sun* [New York: Knopf, 2021]) 中，看似合理的人工智能 (AI) 具有看出人類真實年齡的能力，但我推測，就算先進的 AI，碰上染髮的高手，也看不出所以然。

13. Palo Alto，史丹福大學所在地。

14. Elaine Scarry, *On Beauty and Being Just* (Princeton, NJ: Princeton University Press, 2001).

15. 編案：香港學界通常用「父權制」來描述一種由男性支配並享有特權的社會制度。

16. 我並不是在暗示只要消除對男性染髮的偏見就足以實現男女平等。十八世紀時，富裕的歐洲男人戴著耀眼奪目的假髮，掩蓋醜陋或根本不存在的頭髮，而且他們並不因此覺得尷尬。盧梭原本鄙視腐蝕我們善良本性的藝術和科學創造的表象世界，但他的論文〈論藝術與科學〉("Discourse on the Arts and Sciences") 獲獎，他也因此功成名就後，開始戴上「圓頭假髮」(見 Jean-Jacques Rousseau, *The Confessions*, trans. J. M. Cohen [London: Penguin Books, 1953], 339)。他的觀點是，他戴一頂不那麼花哨的假髮，還是可以顯示他渴望達到更「獨立的狀態」。有趣的是，他仍然覺得有必要戴假髮。我的觀點是，只要其他家父長制的價值觀和結構仍然存在，即使是男人虛榮到染起髮來的社會，也不足以實現男女平等，但就可以提供幫助。

17. 白頭髮在香港更為常見，這肯定又是一個英國殖民主義的遺緒。

18. Rousseau, *The Confessions*, 17.

19. Rousseau, *The Confessions*, 50–51.

第二章

1. "Remarks by President Biden in Press Conference," The White House, June 13, 2021 (www.whitehouse.gov/briefing-room/speeches-remarks/ 2021/06/13/remarks-by-president-biden-in-press-conference-2/).

2. 譯註：「君子和而不同，小人同而不和。」（《論語・子路第十三》，第 23 章）。

3. Public Engagement 的中文翻譯由劉春榮提供，在此致謝。

4. 我在 2020 年 7 月與三位蘇世民書院的前學生拜訪了稷下學宮遺址，但是，我們只看到一大片玉米田上插著一塊招牌。2022 年 2 月，考古學家發現了稷下學宮的正確位置，參見 Kevin McSpadden, "Archaeologists Discover Centre for Greatest Chinese Philosophers during Warring States Period from over 2,000 Years Ago," *South China Morning Post*, March 17, 2022（https://www.scmp.com/news/people-culture/article/3170781/archaeologists-discover-centre-greatest-chinese-philosophers），所以現在有理由相信在原址重建學宮是可能的，將來這座復刻的稷下學宮可以用作辯論政治理論的場所或開放遊客參觀。

5. 「統一戰線」這四個字在中文語境裡面誤導的程度，比「United Front」在英文語境裡誤導的程度更嚴重。「統一戰線」的字面義是「United War Front」。我聽說統戰部在考慮將中文名稱改為「團結部」，直譯為英文是 Solidarity Department。

6. 見 https://asiasociety.org/sites/default/files/2020-01/00_diamond-schell-chinas-influence-and-american-interests_REVISED.pdf，以及 https://www.washingtonpost.com/opinions/2020/06/10/its-time-end-chinas-united-front -operations-inside-united-states/（編案：本書撰寫時皆有效）。

7. 附近的海洋大學的建築是青島德式建築的真實模仿（假設這種形容不是矛盾修辭），但它們是二十多年前建造的。從那時起，反對中國過度「西化」的反應之一，是開始質疑依照西方模子蓋成的建築。

8. 清華大學排名高於山東大學，但有一種反向平權措施，使相對來說更有優勢的北京學生更容易被位於北京的大學錄取。山東大學之所以有競爭力，是因為全省有一億多人口、也是全省唯一的一流大學。我曾在這兩所大學任教，我的經驗是，清大與山大的學生學術能力相差不大，唯一不同的是清華學生一般來說英語更好，有助於解釋為什麼他們通常在「普通高等學校招生全國統一考試」（高考）的表現更好（外語為必考科目，大部分考生都選擇應試英語）。

9. 青島校區沒有孔子雕像（濟南校區有雕像，附近的海洋大學也有），這點也許會讓人意外。也許 K. 書記認為，要是他出面推動在校區豎立他的老祖宗雕像，就逾越了公共領域與私人領域的界線。

10. 基於環境保護的原因，山東省海域每年 5 至 9 月訂為禁漁期，不允許商業捕撈，因此冬季的海鮮更豐富。

11. 我後來發現，K. 書記對馬克思主義理論的知識和看法，和專家沒有兩樣。我們多次在晚餐時長談對馬克思共產主義理想的看法，我因此想起我從牛津大學畢業前，跟隨西方最傑出的馬克思主義理論家 G. A. Cohen 學習馬克思主義的日子。然而，與牛津不同的是，由於統治組織明訂其官方立場是信奉馬克思主義，中國對於馬克思主義的辯論似乎更基於現實。K. 書記沒有我那麼樂觀。我認為較高階段的共產主義來臨時，人性會因為先進機器（包括人工智能）大量生產物質，滿足了人類的物質需求後變得更好。我說，類似想法可以從孟子的觀點中推衍出來，即人為了物質必需品你爭我奪的時候，那裡還顧得上道德。但我最終還是沒辦法說服 K. 書記認同我的看法。而我們都同意的觀點與馬克思相反，馬克思主張，國家在較高階段共產主義的環境會逐漸弱化、乃至消失，我們則認為，國家不會消亡，因為總得有人確保人工智能為人服務，不是人類為人工智能服務。另一個我們有共識的想法是，共產主義進入較高階段後，爭取高官要職不遺餘力的現象依然會存在，屆時，這種爭相做官的現象，在世界上最官僚的國家裡最官僚的山東省尤其激烈。有關共產黨在中國捲土重來的更多細節，請參閱本書第七章。

12. 這段過程其實更曲折。K. 書記幾次來北京勸我到山東任職，最後動之以情感動了我。清華大學派了兩位高管到山東大學請 K. 書記不要挖角。而我辦理從清華離職的手續，遇上複雜的官僚作業，困難重重（在中國，和大學分手比離婚更難）。清大最後決定放手、同意我離開，與一件未經證實、我也無法在本書中詳述的舊聞有關。

13. 有些指示很長，負責的書記有時得花十分鐘左右才能看完文件，真的讓人昏昏欲睡。我問同事：為什麼要這麼浪費時間？因為文件是機密，不能提前分發嗎？我的同事回答說，如果文件提前分發，沒有人會看。

14. 參閱第八章。

15. Li Zhang, *Anxious China: Inner Revolution and Politics of Psychotherapy* (Oakland: University of California Press, 2020), 6, 55–56.

16. 我並非暗示西方大學有必要依照這種學術理想運作。西方大學沒有正式的政治審查制度，但姑且不論西方學者的學術研究成果良窳，與「政治正確」相關的非正式規範，都會影響是否聘用或給予終身教職的決定。例如，在中國研究的領域中，一位支持以正面或衡平觀點看待中國政治制度的教授，工作上可能會遭遇不少困難，而一位質疑「民主」和「專制」政權二分法的學者，可能會發現他的論文很難在著名的英語期刊上發表。

第三章

1. 有點奇怪的是，一份名為 "China: Democracy That Works"（中國：行之有效的民主）的官方文件開篇聲稱：「評價一個國家政治制度是不是民主的、有效的，主要看國家領導層能否依法有序更替……」（http://www.news.cn/english/2021-12/04/c_1310351231.htm）。外界原本以為，面對目前沒有明確方法能夠保證高層領導人有序更替，以及應對跟著無序出現的危機，那份以捍衛中國式民主為宗旨的文件，應該根本不會提，或是輕描淡寫帶過。

2. 諷刺的是，最早提出「內聖外王」之道的是反儒家的（道家）思想家莊子。語出《莊子・天下》。

3. 「院長」的頭銜對辦事也有幫助。有一次我因事到外地幾個星期，漏看一條提醒我要交暖氣費的微信。我回到住處時，公寓冷得像個冰櫃。大學裡負責管理宿舍的工作人員告訴我，繳費期限早就過了，我得在沒有供暖的公寓裡過冬。當我提到我是公共管理學院的院長時，她的態度變得更友好，並帶我去見她的主管。她的主管也很快就解決了問題（他們找到了提取我的暖氣費的方法）。

4. 編案：香港環境保護署譯做「微細懸浮粒子」。

5. 我是加拿大公民，但是，銀行櫃員認為我應該勾選美國人，我的臉頓時垮下來。他最後終於同意把我放到「非美國人」的類別。

6. 在中國，民族素質與文明程度有高下之別的等級世界觀翻譯為當代英文後，西方人看到譯文中認真強調素質與文明不能輸給其他民族的標語，往往啼笑皆非。比如說經常可以看到小便斗上方貼著一張紙片，上面寫著「上前一小步、文明一大步（"one small step forward,

one big step in level of civilization"）」。在全中國普遍可以看到這個標語，山東大學校園的男廁所也不例外。

7. 這位助理工作不到一年就離職了。我後來發現碩士第二年的學生比較能夠長期工作，因為他們上課負擔較輕，感受文化震撼的經驗比新生多。缺點是我每年都得訓練新助理。

8. 一位在以色列擔任過院長的朋友告訴我，他經常在不同樓層的門廳裡踱步、趁著遇見年輕教師的機會和他們聊天，以瞭解教職員工的問題。我們的問題是資深領導（包括我自己）的辦公室都在同一層樓，如果我隨便在資淺教師的樓層門廳或走廊裡踱步閒逛，會顯得很奇怪（或不合適）。

9. 後來我才知道，常務副院長進入學術界前，在濟南開辦了一家有一千二百名員工、生意火紅的餐飲企業。毫無疑問，這點更解釋他在大型的大學環境中管理他人的能力（我連管理自己都不太行，就別提還要管理其他人嘍）。

10. 我建議聘用的人選並非都受到歡迎。有一次我企圖說服我的學院，聘請一位從古典自由主義「皈依」儒家聞名的知名教授。他最近加入了我們的大學（我幫助說服他加入了我們），首先在濟南校區的一個研究單位工作。我希望他能來青島校區，加入學院的教師隊伍。但我的領導同僚對此建議明顯毫無興趣。這位教授最後被北京一所一流大學挖走了。

11. 一位我在清華大學任教時的博士班學生也對我助益良多。她的論文主題是研究賢能政治。她後來應聘到山東大學工作，並為研究生和教師發起一個非正式的午餐研討會，後來被稱為「稷下工作坊」，這個名字來自戰國時期，偉大的政治思想家各自論辯其主張與理想的地點、著名的「稷下學宮」。

12. 在山東，兩個醉漢握著對方的手很常見。然而，我到山東大學任職的第一年，不見得總是能確定肢體接觸與情感的界限。我曾經親吻一位來訪書記的臉頰，立即意識到這是失禮。牽手可以，但「山東大漢」不能接吻。

13. 有人問我，你身為院長，從中學到了什麼？我開玩笑說，一開始我不知道什麼時候該介入，什麼時候不該介入，最終我才瞭解，百分之九十八的時間我都不應該介入。但事實是，如果我有更多精力做這項工作，我其實可以介入更多。

14. Daniel A. Bell, *The China Model: Political Meritocracy and the Limits of Democracy* (Princeton, NJ: Princeton University Press, 2015), ch. 2.

15. 熟知中國歷史的人對此不會訝異。例如，陳宏謀是十八世紀中國最著名的行政官員，但他與眾不同的是他的驚人活力。陳宏謀的傳記說，「陳稱不上是位有創見的思想家，他的行政風格也與他最有能力的同僚沒有本質區別，但他的精力和解決各轄區需求的徹底程度令人震驚。」（William T. Rowe, *Saving the World: Chen Hongmou and Elite Consciousness in Eighteenth-Century China* [Stanford, CA: Stanford University Press, 2001], 2；另見頁 449）。

16. 活力十足的戈巴契夫（Mikhail Gorbachev，港譯戈爾巴喬夫）是個明顯的例外。他五十四歲就當上蘇共總書記，相對來說比較年輕。但是，蘇聯的政治制度在他剛掌權時，大概已經爛到骨裡了。

17. David Shambaugh, "The Coming Chinese Crackup," *Wall Street Journal*, March 6, 2015.

18. https://www.cambridge.org/core/journals/american-political-science-review/article/abs/getting-ahead-in-the-communist-party-explaining-the-advancement-of-central-committee-members-in-china/B22B6ACD 187AD664CCCD6497E6A165BE（編案：本書撰寫時有效）。

19. 我並非否定那些不符合賢能政治理想、比較討人厭的人格特質，例如意欲提拔不稱職的朋友和清洗政治對手等，這些特質也可能可以解釋誰登上了政治頂峰、又戀棧不走，關於擁有不受拘束的獨裁權力的領導人，拔擢比較不稱職、有政治污點的官員，以換掉經驗老到、人脈深廣的資深官員的論述。經驗論據，參閱 Victor Shih, *Coalitions of the Weak: Elite Politics in China from Mao's Stratagem to the Rise of Xi* (Cambridge: Cambridge University Press, 2022)。

20. 語見《論語・子路第十三》，第 15 章。

21. 我們知道的一個例子是，陳宏謀獲雍正帝接見時，當面反對雍正為了消除監生找人頂替代考的積弊，要監生公開承認他們的錯誤（陳宏謀反對的理由是，這種做法會破壞社會秩序，最好的處理方式是既往不咎、赦免監生過去的不當行為，但未來則加強管理）。雍正最後從善如流，並稱讚陳宏謀為了公共利益「上書直言」。參見 Rowe, *Saving the World*, 51。

第四章

1. 「廉潔島」這個詞出自政治理論家簡・曼斯布里奇（Jane Mansbridge）之口。她說：「要是沒有那些『廉潔島』做為改進的模範，對抗腐敗就不會成功、最起碼都很困難。」（私人談話）

2. 引自 Ren Jianming and Du Zhizhou, "Institutionalized Corruption: Power Overconcentration of the First-in-Command in China," *Crime, Law and Social Change* 49, no. 1 (February 2008): 47。

3. 下兩段引自 Bell and Wang, *Just Hierarchy*, 81–84。

4. 引自 Jin, Keyu, *The New China Playbook: Beyond Socialism and Capitalism* (New York: Viking. 2023)。

5. 有一種觀點認為，如果一個強大的領導人能夠相對自由地制定和執行各種措施去遏制政府的不當行為，那麼，非民主國家的反腐敗努力往往會取得成功。請參閱 Christopher Carothers, *Corruption Control in Authoritarian Regimes: Lessons from East Asia* (Cambridge: Cambridge University Press, 2022)。尤其是第六章（以習近平發動反貪腐運動為例）。

6. 有關反貪腐運動的威懾效果導致新進官僚平均能力下降的實證研究，請參閱 Junyan Jiang, Zijie Shao, and Zhiyuan Zhang, "The Price of Probity: Anticorruption and Adverse Selection in the Chinese Bureaucracy," *British Journal of Political Science* 52, no. 1 (January 2022): 41–64（https://www.cambridge.org/core/journals/british-journal-of-political-science/article/price-of-probity-anticorruption-and-adverse-selection-in-the-chinese-bureaucracy/5CF35E3428FEE88814270F861360D3B8）。

7. 帝制中國的改革者一再強調需要提高工資以盡量減少腐敗。早在第二世紀，哲學家崔適就提出公職人員的工資至少應增加百分之五十（Etienne Balazs, *Chinese Civilization and Bureaucracy: Variations on a Theme*, trans. H. M. Wright [New Haven, CT: Yale University Press, 1964], 213）。在一次與組織部領導的非正式會議上，我確實提出了加薪的可能性，他告訴我，他們最終計劃這樣做，但如果他們做得太多、太快，政治觀感會不好。

8. 我在此感謝《美國事務》（*American Affairs*）季刊允許我引用我的文章 "China's Anti-corruption Campaign and the Challenges of Political

Meritocracy," *American Affairs* 4, no. 2 (Summer 2020): 198–211 部分內容。

第五章

1. Edward Slingerland, *Drunk: How We Sipped, Danced, and Stumbled Our Way to Civilization* (New York: Little, Brown Spark, 2021), 115.

2. 劉耀東，〈不喝酒，如何在山東的酒桌上活下來？〉，2018 年 6 月 30 日（https://baijiahao.baidu.com/s?id=1604692088818172035&wfr=spider&for=pc）。

3. 關於這種等級化飲酒儀式的細節以及辯護，請見貝淡寧與汪沛合著 *Just Hierarchy* 開篇一章。

4. Arjun Kharpal, "Alibaba Fires Manager Accused of Sexual Assault; CEO Calls for Change after 'Shameful' Incident," *CNBC*, August 9, 2021 (https://www.cnbc.com/2021/08/09/alibaba-fires-manager-accused-of-sexual-assault-ceo-calls-for-change.html).

5. 在此處和本書其他地方，我引用了 Eric L. Hutton 的譯本：*Xunzi: The Complete Text* (Princeton, NJ: Princeton University Press, 2014)，和 John Knoblock 的《荀子：I 和 II》(原文和現代中文並陳)（長沙：湖南人民出版社，1999）。在必要時，我會調整原譯。例如，我將「King」翻譯為「仁王」，而不是簡單地翻譯為「王」，因為荀子用這個詞描述一位為人民奉行仁政的理想統治者。

6. Donald J. Munro, *A Chinese Ethics for the New Century: The Ch'ien Mu Lectures in History and Culture, and Other Essays on Science and Confucian Ethics* (Hong Kong: Chinese University Press, 2005), 112.

7. 只有禮是不夠的。禮通常需要伴隨音樂，除了幫助引發情感反應，並在參與者之間產生社群感和相互關心。荀子以一整章的篇幅討論音樂對道德和政治的影響。時至今日，中文的「禮」字後面經常跟著「樂」字，似乎這是兩個密不可分的觀念。荀子還主張通過廣泛、終生閱讀偉大著作來增強心智，他說，長久以往，這種做法可以使人性變得更好。

8. 更詳盡的討論，請見拙作 *China's New Confucianism*, 39–43。

9. 這個問題的討論，引自我在《金融時報》的一則專論文章。請見：Daniel Bell, "China's Corruption Clampdown Risks Policy Paralysis," *Financial Times*, May 2, 2017。

10. 編案：香港打擊酒後駕駛，一般情況酒精含量超過法定標準指定度數，會即時取消駕駛資格最少六個月（再犯者最少兩年）、被記10分違例駕駛記分，以及強制修讀一個駕駛改進課程。並最高可被罰款港幣二萬五千元及監禁三年。但若然是因為醉駕而引致他人死亡或受傷，則會以其他更嚴重的罪名作出控告，包括可以終身吊銷駕駛者的駕照。

11. 參見 Q. Li, H. He, L. Duan, Y. Wang, D. M. Bishai, and A. A. Hyder, "Prevalence of Drink Driving and Speeding in China: A Time Series Analysis from Two Cities," *Public Health* 144, Supplement [March 2017], S15–S22 (https://www.sciencedirect.com/science/article/pii/S0033350616304139)，以及 Wang Qian and Zhang Yan, "Drunken Driving Crashes, Injuries Declining," *China Daily*, October 10, 2014。

12. 類似對付酒駕「先禮後兵」的故事，也發生在政府處理車輛超速問題上。駕駛學校和其他相關單位為了讓司機遵守道路交通規則而展開的教育，收效甚微。隨後，政府決定用交通照相機拍攝、幾乎沒有自由裁量權的照片當證據，對違規駕駛者處以罰款。這個方法最後改變了駕駛習慣。到今天，因為幾乎每輛汽車都配備 GPS（導航），可以警告駕駛者前方有照相機，照相機的功能已經減弱，但大多數駕駛已經內化了必須遵守速度限制的要求，而不是被迫不能超速。我提出這個例子的重點是：並非只靠嚴刑峻法就可以改變態度和行為。只有在社會價值觀已經藉著教育和非正式的禮的手段內化並普及人心時，對嚴刑峻法的短期恐懼才有助於內在道德的長期改變（人們知道酒後駕車或超速行駛是不好的，但違規行為必須接受嚴厲懲罰，才會影響行為）。至於其他道路規則，仍然還有進步的空間。政府在主要道路上懸掛「禮讓」字樣的標誌進行公共宣傳，以改善文明程度。然而，在行人與車輛的動線相衝突時，駕駛者讓行人先行以示文明的情況，仍然很少見。通常是動力強勁的汽車佔上風，而人行道的功能很小。一旦政府對不文明行為實行高額罰款，就可能可以改善情況，而一旦文明成為第二天性，政府就不再需要嚴刑峻法。我並不是說這種過程是中國獨有。我小時候住在蒙特婁，我還記得那時候人行道幾乎沒有什麼功能。結果，高額罰款馴

服了粗魯駕駛者，現在蒙特婁的駕駛者一般來說都會尊重行人，而不是被迫這麼做。

第六章

1.　不過，在帝制中國時代孔門後裔子孫都有特殊待遇，顯示家庭背景仍然很重要。這是歷史的諷刺。時至今日，孔門後代很驕傲孔家是世界上最古老的家族之一，他們也是在中國內外實踐儒家傳統最盡心、成效最好的群體。參見 "Confucius: The Sage Who Shaped the East," Timeline — World History Documentaries（https://www.youtube.com/watch?v=qaFDr11g4Rg）。

2.　這種對《論語》的印象由來已久。約翰・洛克（John Locke）1695 年提到「基督信仰的理性」時，輕蔑地以「語無倫次的格言」形容《論語》，形成鮮明對比（參見 Kevin Delapp, ed., *Portraits of Confucius: The Reception of Confucianism from 1560 to 1960* [London: Bloomsbury Academic, 2022], 193–195 的引文）。

3.　金安平（Chin Annping）的 *The Authentic Confucius: A Life of Thought and Politics* (New York: Scribner, 2007) 第三章對瞭解這個問題很有幫助。

4.　這個理想可能適用於教授儒家的德行觀和人文學科等比較一般性的高等教育課程，但教授幼兒和其他學科（例如帶實驗室的科學課程）可能需要不同類型的教室。即使如此，我和我兒子朱利安一起在北京教農民工子女的經歷，也顯示了儒家啟發的方法對幼兒教育的價值。參見 Daniel A. Bell, "Learning with the Kids," *The China Beat Archive 2008–2012*, 628（https://digitalcommons.unl.edu/cgi/viewcontent.cgi?article=1593&context=chinabeatarchive）。

5.　不用說，這種教學方式非常耗時。儒家教師的理想是全職教學，從此就可以告別研究工作。難怪孔子沒有時間寫下自己的想法！

6.　「孔府家酒」以其品牌名稱蘊含的儒家傳統、而非酒味出名。我曾經在曲阜火車站買過一瓶孔府家酒，設計看起來就像竹簡《論語》（酒瓶藏在竹簡後面）。

7.　隨著美中關係惡化，美國政府禁止西點軍校和其他主要軍事院校畢業生參加蘇世民計劃，原因可能是愈瞭解中國、就會愈同情中國。

我認為，這是讓人遺憾的決定。因為這種教育交流有助減少衝突；此外，軍事背景的蘇世民學者可以學習中國的一些想法和做法，也會對美國有益。（例如，參見雷吉娜・帕克（Regina Parker）的觀點：美國可以、也應該實施中國式的大學生軍事訓練。見她的文章，"Learning from 'Communist' China," *Huffpost*, October 23, 2016〔https://www.huffpost.com/entry/learning-from-communist-china_b_57fd794fe4b0210c1faea8a9〕）。

8. 如果這些言論中暗藏了抱怨，原因不僅是這門課遭到降級。蘇世民計劃的宗旨是更瞭解中國。我認為，學生如果不瞭解中國歷史和文化的幾個關鍵主題，就無法瞭解中國。我多次主張，除了我們自己的課程，還應該開設更多關於二十世紀前的中國的課程，但都不成功。

9. 譯註：明世宗嘉靖九年。

10. 譯註：北宋元豐七年。

11. 我不是只意在奉承東道主。黃進興認為，反對荀子入祀孔廟的論點在很大程度上是不公平的。如果入祀與否的兩個主要標準：「他與儒學的發展以及與當代的相關性。」仍然有效，那麼（重新）入祀荀子就是個現成的好例子。參見 Chin-shing Huang（黃進興），*Confucianism and Sacred Space: The Confucius Temple from Imperial China to Today*, trans. Jonathan Chin with Chin-shing Huang [New York: Columbia University Press, 2020], 168）。

12. 《韓非子》指出，國家的「五蠹」中，包括那些「以疑當世之法而貳人主之心」的學者。韓非子認為，「人主不除此五蠹之民，不養耿介之士，則海內雖有破亡之國，削滅之朝，亦勿怪矣。」參見《韓非子・五蠹第四十九》。〈五蠹〉英譯請見：http://afe.easia.columbia.edu/ps/cup/hanfei_five_vermin.pdf。

第七章

1. 參見貝淡寧著，*China's New Confucianism*，第一章。

2. 參見 Karl Marx, "Critique of the Gotha Programme" (1875)（https://www.marxists.org/archive/marx/works/1875/gotha/index.htm）。

3. 呂德文，〈共同富裕不是搞「福利國家」，講求勞動倫理〉，《觀察者》，2021 年 9 月 14 日（https://www.guancha.cn/LvDeWen/2021_09_14_607005.shtml）。

4. 譯註：指中國大陸在 2021 年下半年開始實施的「雙減政策」，即減輕義務教育階段學生的作業負擔以及校外培訓負擔。

5. 參閱 如 Li Yuan, "Beijing Takes Control, Chinese Tech Companies Lose Jobs and Hope," *The New York Times*, January 12, 2022（https://www.nytimes.com/2022/01/05/technology/china-tech-internet-crackdown-layoffs.html），以 及 "China's Business Crackdown Threatens Growth and Innovation," *Financial Times*（https://www.ft.com/content/e4df19e8-7247-4086-9f86-5364df06c145）。

6. 我無意暗示中國共產黨做的任何事都符合馬克思主義的理想。

7. 2016 年，我到 Z. 教授住處拜訪以表達敬意。我非常訝異他對馬克思主義的信仰如此真誠。即使考慮當時的時空環境，我已經覺得他站在歷史錯誤的那一邊。我很遺憾地告訴各位，Z. 教授已經於 2018 年過世。而時至今日，儘管我仍然認為社會主義不是一門科學，但我已明白站在歷史錯誤那一邊的人可能是我。

8. 參見 "China's Xi Jinping Remakes the Communist Party's History in His Image," *The New York Times*, November 1, 2021（https://www.nytimes.com/live/2021/11/11/world/china-xi-jinping-cpc）。

9. 以下三段摘自貝淡寧與汪沛著，*Just Hierarchy*, 1–6。

10. 《中國共產黨章程・總綱》，中國共產黨第二十次全國代表大會部分修改，2022 年 10 月 22 日通過（https://www.12371.cn/special/zggcdzc/zggcdzcqw/#zonggang）.

11. 參見 Haig Patapan and Wang Yi, "The Hidden Ruler: Wang Huning and the Making of Contemporary China," *Journal of Contemporary China* (October 2017): 9。

12. 引自 Yuri Momoi, "Xi Jinping Points China to Communist Revolution 2.0," *Nikkei Asia*, September 1, 2021（https://asia.nikkei.com/Spotlight/Comment/Xi-Jinping-points-China-to-Communist-Revolution-2.0）。

13. 馬克思論初級階段與高級階段共產主義的區別，參見 Karl Marx, "Critique of the Gotha Programme" (1875)（https://www.marxists.org/archive/marx/works/1875/gotha/）。

14. 引述自 Daniel Guérin, *Anarchism: From Theory to Practice* (New York: Monthly Review Press, 1970), 25–26。

15. 參見 Karl Marx, "Conspectus of Bakunin's *Statism and Anarchy*" (1874)（https://www.marxists.org/archive/marx/works/1874/04/bakunin-notes.htm）。

16. David Stasavage, *The Decline and Rise of Democracy: A Global History from Antiquity to Today* (Princeton, NJ: Princeton University Press, 2020).

17. Willy Wo-Lap Lam, "Beijing Harnesses Big Data and AI to Perfect the Police State," Jamestown Foundation, July 21, 2017.

18. Karl Marx, *The German Ideology* (1845) (https://www.marxists.org/archive/marx/works/1845/german-ideology/ch01a.htm).

19. 參見馮象，〈我是阿爾法——論人機倫理〉,《文化縱橫》12（2017）: 128–139。

20. Karl Marx, "The Fragment from Machine," *The Grundrisse* (https://thenewobjectivity.com/pdf/marx.pdf).

21. Nick Bostrom, *Superintelligence: Paths, Dangers, Strategies* (Oxford: Oxford University Press, 2014).

22. 比較完善的論證，參見貝淡寧與汪沛合著，*Just Hierarchy*，第五章。

23. 關於中國採取法家的強制手段處理新冠疫情，做法雖為必要，但也有不足之處的論證，參見貝淡寧與汪沛，"Just Hierarchy," *American Purpose*, August 4, 2021 (https://www.americanpurpose.com/articles/just-hierarchy/)。

24. 參見 David J. Chalmers, *Reality +: Virtual Worlds and the Problems of Philosophy* (New York: Norton, 2022)。

25. 列寧提出由具有無產階級意識的「先鋒隊」(vanguard party) 帶領革命，是在動盪的革命時期針對工業社會的策略；在今日社會是否還有參考價值，尚不清楚。

26.《禮記·禮運》，見 https://ctext.org/liji/li-yun。

第八章

1. John Stuart Mill, *On Liberty* (https://www.bartleby.com/130/1.html).

2.　Jemimah Steinfeld, "Return of the Red Guards," *Sage Journals* 44, no. 2 (2015) (https://journals.sagepub.com/doi/10.1177/0306422015591436?icid=int.sj-abstract.similar-articles.3).

3.　更多關於這方面的討論，請參見第九章。

4.　我在清華任教時，的確遇上一次政治麻煩。起因是我在《金融時報》上撰文主張中國共產黨應該更名（我在我的一本學術著作中也提出類似主張，但是，一旦政治敏感的觀點在閱讀率高的媒體刊載，就會引發更強烈的關注）。領導請我到他的辦公室，並要親自替我倒茶時，我說：「不必了，謝謝。我喝咖啡好了。」當他堅持替我倒茶的時候，我知道我惹上麻煩了。因為堅持倒茶代表他就要給我好好地上一堂政治課，同時教訓我一頓。問題是，我的文章是因為錯譯導致我支持推翻共產黨的印象。領導聽我說完錯譯的過程後表示滿意。他還建議，下回我應該親自督軍譯稿，並且想方設法搶在錯譯稿公開前曝光。這建議聽起來很合理，但在社交媒體時代，他也許高估了我掌控訊息在公共空間傳播過程的能耐。

5.　但是，過去幾年的情況愈來愈不理想，英文學術著作僅是觸犯敏感話題，例如作者用「國家」（country）這個字描述台灣，該書就會遭到各校禁用。

6.　譯註：即 MOOC，Massive Open Online Course；MOOC 一般譯為「慕課」。

7.　「山東大學學堂在線」：Introduction to Political Philosophy 課程介紹（https://www.xuetangx.com/course/sdu01011004962intl/7733555?channel=home_course_ad）。

8.　為了鼓勵學生暢所欲言（山東學生很勤奮，但過於害羞和有禮貌，這可能是儒家文化的遺風），我將他們編成三人一組，其中一位學生代表小組的觀點。如此，他們就能更自由地表達自己的想法，又不必承擔直接責任。不同觀點和明顯差異最終會出現，最後，我請個別學生闡述對立的觀點。

9.　話雖如此，想在中國講授與政府認可的觀點相左的馬克思主義當代釋義並不容易；如果你的釋義與中國政治背景有關的話，教授這門課會更難。我準備在研究生的討論課上用我的書 *Just Hierarchy*（《正序論》）（與汪沛合著）當教材卻遭到否決，理由是我們批評馬克思主義在中國遭到濫用。諷刺的是，西方評論家卻批評這本書太「親共」（見 2022 年出版的 *Just Hierarchy* 平裝本新序言）。

10. 也有一些正面的反趨勢：討論環境問題的社會科學研究，過去可能是禁區，現在反而經常受到當局歡迎，只因為環境進步現在是政府的優先政策，而「他們」知道學術研究有助達成政治目的。

11. 我的一位同事注意到一種複雜的審查形式。幾年前，他翻譯了一本美國著名學者撰寫、關於一位前中國領導人的巨著。他要我猜猜中文譯本的哪一部分遭到審查。我猜是天安門事件。他說是的，但這不是主要部分。他接著說，只有瞭解中國政治夠深入的人才猜得出來：是索引。他們只想讓讀者更難找到作者說了關於某某人哪些事情。

12. 請見第四章。

13. Francis Fukuyama, "The End of History?" *The National Interest* 16 (Summer 1989), 3–18 (https://www.jstor.org/stable/24027184).

14. Daniel A. Bell and Wang Pei, "Coronavirus Holds Up a Mirror to China's Problems, and the Nation Will Be the Better for It," *South China Morning Post*, February 21, 2020 (https://www.scmp.com/comment/opinion/article/3051402/coronavirus-holds-mirror-chinas-problems-and-nation-will-be-better).

15. Daniel A. Bell, "Teaching 'Western Values' in China," *The New York Times*, April 16, 2015 (https://www.nytimes.com/2015/04/17/opinion/teaching-western-values-in-china.html).

16. 如果中國真的放鬆對全社會、特別是針對學術界的審查，也就是類似新加坡的實例，就意味中國在展示其戮力實踐賢能政治的決心。密爾在《論自由》中指出，言論自由容許批評錯誤的觀念，表達新的、更好的觀念和生活方式，以及容許我們在一定範圍內擁有選擇並賦權給「既能且賢之士」（wise and noble）的權力。言論自由很重要，因為它不僅有助於指出什麼是重要的，還有助於找出誰是重要的。如果中國政府的審查制度和媒體控制，愈來愈普遍地用於執行規定和維護正統意識形態，就意味它呈現的是賡續法家專制傳統的決心。法家傳統重視的是穩定，而不是社會進步和適應新環境。如果相對來說見多識廣的菁英，在為何以及必須選擇能取得實績的領導人這兩件事應是政治優先事項上意見一致，那麼審查制度和強而有力的社會控制可能會出現「賢能政治」（例如，1960 年代和 1970 年代的新加坡菁英，以及 1970 年代和 1980 年代的中國菁英，都認為扶貧應該是首要任務，政治領導人應該以促進經濟成長作為富

民的最佳手段，沒有什麼必要爭論其他選擇）。但是，對受過高等教育的多元化人口加強審查，其結果後患無窮，尤其我們現在面對的，是一個技術快速變革和全球衝擊隨時可能出現的世界，因此需要不斷提出新思維、實驗、以及處理未預期出現的挑戰的方法。孔子也思辨過，我們需要言論自由揭露錯誤，並提出新的、更好的決策思考，他說「如不善而莫之違也，不幾乎一言而喪邦乎？」（《論語・子路十三》，第 15 章）。「喪邦之言」指的不僅是理論：唐朝和南宋也許是中華帝國歷史上最有活力的朝代（與帝國歷史上的其他時期相比），政治批評在這兩個朝代的活躍空間相當大，還容許探索官方正統之外的其他觀點，以及以相對開放和公平的方式，選擇出身不同社會和族裔的政治領導人。

17. https://www.theguardian.com/commentisfree/2008/apr/02/badmouthing beijing（編案：本書撰寫時有效）。

18. 貝淡寧，*China's New Confucianism*，頁 8。

19. 參見本書導言。

20. 甚至妖魔化中國的假新聞也得到西方主流媒體青睞，而且傳播甚廣。 參見 Daniel A. Bell, "From Ferguson's Fake Fact to a Full-Blown, Government-Led Conspiracy Theory: The Missing Link," June 3, 2020（https://danielabell.com/2020/06/03/from-fergusons-fake-fact-to-a-full-blown-government-led-conspiracy-theory/）。

21. 接下來的兩段文字取自我的論文："Demonizing China: A Diagnosis with No Cure in Sight," 收錄在 *East-West Reflections on Demonization: North Korea Now, China Next?*, ed. Geir Helgesen and Rachel Harrison (Copenhagen: NIAS Press, 2020), 230–232。

22. Peter Drahos, *Survival Governance: Energy and Climate in the Chinese Century* (Oxford: Oxford University Press, 2021).

23. 話雖如此，拜登政府確實成功通過一個對抗氣候變遷的重要法案。 參見 https://www.nytimes.com/2022/08/07/us /politics/climate-tax-bill-passes-senate.html?action=click&module=RelatedLinks&pgtype=Article。

24. 參見我的著作 *The China Model*， 以及我與汪沛合著的 *Just Hierarchy*，第二章。

25. 例如，參見 https://www.youtube.com/watch?v=5C1mpNwFj8w 的評論部分（編案：本書撰寫時有效）。「五毛」是個貶義詞，指的是據說

每貼一則支持中共的網路評論，就獲得五毛的網路鄉民。我仍然認為自己是個獨立學者，我寫的就是我思考的，但我確實已經「同化」了，因為我的學術工作經常受到我在中國大陸生活和教學經驗的影響。例如，我在清華大學的經驗啟發了我寫關於賢能政治的主題。清華大學培養了許多中國未來的領導人，我的同事經常爭論哪些德行和能力對公職人員很重要，以及如何評估這些德行和能力。如果我留在西方——那裡有一個強烈的社會共識，即一人一票是選擇政治領導人時唯一具有道德正當性的方式，而所有其他政治制度都是（糟糕的）獨裁政權——那就太糟糕了；在那種情形下，我不太可能寫有關中國賢能政治的題目。

26. Daniel A. Bell, "In Defense of How China Picks Its Leaders," *Financial Times* (https://www.ft.com/content/903d37ac-2a63-11e2-a137-00144 feabdc0).

27. 譯註：中文書名改為《賢能政治：為什麼尚賢制比選舉民主更適合中國》。

28. 負責這本書中文版的中國政治審查人並沒有被愚弄。如前所述，他們給了我一份修改清單，我的編輯表示那是他看過最長的修改清單。

29. Daniel A. Bell, "Why Anyone Can Be Chinese," *The Wall Street Journal*, July 14, 2017 (https://www.wsj.com/articles/can-anyone-be-chinese-1500045078).

30. 我經常應邀上中國媒體，但我只接受沒有政治濫用、且我可以控制最終產品的邀約。然而，最後有時也會出現問題，資深審查員推翻編輯不刪減的承諾。在最近的一個案例中，我應邀到 TEDx 進行一場關於賢能政治的演講。我提醒自己，一定要提到理想與現實之間的巨大差距，需要更多的民主和言論自由將這種差距最小化。我告訴主辦單位，只有保留關鍵部分，外國聽眾才會認為我的演講可信，而且只有他們不刪除這些部分，我才會同意 TEDx 發行這次演講。但是，大多數關鍵部分到最後依然遭到刪除，TEDx 也在他們的網站發布演講視頻。幾個星期後，它的點擊量超過了五萬，但 TEDx 最後決定刪除該演講（兩端都受到審查，感覺有點奇怪）。我寫信給 TED 詢問原因，但從未收到回應。應該不會有讀者對遭到審查而剪輯過的演講感興趣，要是有，連結是：https://pan.baidu.com/s/1mdjAHiSIEgc3_QYL9zpmrA（編案：本書撰寫時有效）。

31. 2021 年 11 月，中美兩國同意放寬限制記者的措施。這是少數兩個大國合作的正面訊號。

32. Zhengxu Wang and Daniel A. Bell, "To Improve China's Image Globally, Welcome Foreigners and Let Them Be Bridges to the West," *South China Morning Post*, April 1, 2021 (https://www.scmp.com/comment/opinion/article/3127609/improve-chinas-image-globally-welcome-foreigners-and-let-them-be).

33. 從作者的角度來說，與中國媒體打交道還有一個優點，是媒體在處理文稿的標題等事情時，通常會諮詢作者的意見，作者甚至有權否決不喜歡的標題。

第九章

1. David Shambaugh, *China's Communist Party: Atrophy and Adaptation* (Berkeley: University of California Press, 2008).

2. 我的印象是，這種問題的功能，主要是替候選人的敵人或競爭對手製造質疑候選人的機會。一位密友告訴我，公開或正式質疑他人的政治忠誠，其威力相當於一顆「原子彈」。這個比喻的意思是，除非別無他法，否則，學術界永遠不應該動用這個手段。

3. 中國大學黨委書記的權力愈來愈大是普遍趨勢。但就我們學院的情形來說，黨委書記權力增加的原因，是我們那位才華橫溢的常務副院長身兼兩職（見第三章），總得有人幫他完成一些任務。一開始，小道流言說我可能想介入，但我沒這種精力（也許是沒能力）做那個工作。於是，我們的黨委書記逐漸開始扮演更大的領導角色，結果很好，因為他很受歡迎，而且處事公平（更不用說工作勤奮了）。

4. 我在給新一屆領導委員會領導的續任感言中，囑咐大家一定要做好自己的工作。我那時還開玩笑說，出了問題我來負責。然而，在我內心深處，我知道對我的角色更準確的描述是「不負責學院行政工作；只負責象徵性領導」。詳見第十一章。

5. 在我和汪沛合著的《正序論》（見該書頁 76–77）也講過這個故事，但是，因為這個故事實在有意思，不得不再講一次與讀者分享。

6. 我們學院的創始人 Z. 教授（已逝）告訴我，共產黨員的兩個主要特質應該是：(1) 從容就義；(2) 嚴守秘密。但我沒有回應。要是我

當時回應了，我會說，這當然取決於具體情況，公職人員的工作性質不同，應該具備的特質當然也不一樣。例如，軍人可能需要願意赴死的特質，情報人員可能要有守口如瓶的本事。現在我想補充一點，對組織部的成員來說，嚴守秘密的能力可能也很重要。

7. 對中國貧困農村地區沒有機會接受好老師與好教育環境薰陶的弱勢年輕人來說，高考制度是一種懲罰。但「高考」也咸認是中國政治體系中最唯才是舉、也最不腐敗的制度。參見 Zachary M. Howlett, *Meritocracy and Its Discontents: Anxiety and the National College Entrance Exam in China* (Ithaca, NY: Cornell University Press, 2021)。

8. 我們不得不在 2022 年 4 月破例，因為新冠疫情限制，學生無法來校園參加考試。我們透過網路辦理了一次為期一天、算得上嚴謹的口試。期間，考官（包括我）必須將手機交給行政人員，目的是確保我們的注意力集中在手邊該做的事情上（我從就任院長起，就想推動一個「校園無手機日」活動，但從未成功。那次是最接近想法實現的一次）。

9. 中國大學的制度是只有博士生導師（博導）有權指導博士論文；博導也可以延退五年，無博導資格的教授即無此權利。

10. 任何評審升等程序，只要發生可能受到主觀因素影響的疑慮，山東大學都會特別警覺。我推測，原因無它，正是山東文化受儒家影響，非常強調溫暖和關愛的社會關係以及「講義氣」之故。因此，採取嚴格措施防止「主觀」因素影響是必要之舉。但在中國其他地區（例如上海），社會關係往往更加工具化，人們更尊重規則和程序，可能不需要考慮這個因素。雖然如此，找到一些更能不偏不倚地判斷學術能力的方法，包括對研究內容的主觀評估，還是可能的。一個與香港多所大學做法類似的方式是，請升等候選人提交過去五年中他們自認最好的三篇出版品，由來自其他不同大學相關領域的學者組成小型匿名學術委員會進行評審。

11. 我聽聞、但沒有目睹過的另一個中國學界問題是歧視女性學者。因為一般認為她們更關心家庭而非職場。舉例來說，對孩子還小的父母來說，諸如日托設施不足等社會支援不夠的問題顯而易見；但對家務負擔與責任本來就比較沉重的女性學者來說，社會支援不夠形成的負面影響往往更大。此外，形式上的歧視依然存在，因為女性學者（像中國的其他公職人員一樣）必須比男性同行提前五年退休

（大多數女性教授必須在五十五歲退休，如果是「博導」，退休年齡則為六十歲）。

12. 有多少西方學者能夠用一種以上語言寫出高質量的作品？我也在自我批評：我可以用中文寫電子郵件和短篇作品，但還沒有嘗試用中文寫一篇學術文章。

13. 我們還有一個到 2035 年培養一支世界一流師資隊伍、會讓人眼睛一亮的計劃。我們在這計劃裡面，也和中國大陸各大學政治學和公共管理領域的其他院系競爭，因為頂尖「評級」的數量有限。我們還有一個（不太詳細的）2050 年計劃，進一步鞏固我們的世界級地位。我衷心希望我們的教師能夠不斷進步。但如果我們能夠超越中國和世界其他地區其他大學的政治學和公共管理系，我會感到非常驚喜。借用我聽一位教授講的一個笑話：中國男足奪得世界盃時，也是我們的計劃完全實現之時。

14. 教職人員的誘因來自一旦論文在主要學術期刊上發表，可以獲得一大筆現金獎勵。但發表論文和申請政府研究經費的壓力，可能帶來巨大的心理壓力，對於年輕教師尤其如此。

15. 相較之下，西方大學的教師獲得獎勵的主因，往往是高度專業化的研究，不論社會影響如何；而大學經常遭到批評為脫離普通公民需求的菁英機構。如果學術界的評價部分取決於他們對公共利益的承諾，那麼，無論評估大學對社會的貢獻有多困難，可能都不是一個壞主意。在這方面，中國經驗也許值得我們學習。

第十章

1. Shi Jiangtao and Laura Zhou, "Xi Jinping Wants Isolated China to 'Make Friends and Win Over the Majority,'" *South China Morning Post*, June 2, 2021 (https://www.scmp.com/news/china/diplomacy/article/3135672/xi-jinping-wants-isolated-china-make-friends-and-win-over).

2. 〈努力塑造可信可愛可敬的中國形象〉，《環球網》，2021 年 6 月 2 日（https://china.huanqiu.com/article/43MyYRilpCV）。

3. 上海也許是中國的「可愛之都」：在 2022 年 4 月、5 月，也就是新冠疫情初起，生活備受煎熬的那兩個月，一些上海人會穿著可愛的動物服裝排隊等待核酸檢測。但是，到封城結束後，這種輕鬆愉快、

無憂無慮的上海式可愛全都不見蹤影。我們只能期待有一天它會再出現。

4. 詳見貝淡寧與汪沛合著，*Just Hierarchy*, 102–4。

5. https://edition.cnn.com/2018/11/08/china/gavin-meme-kid-china-intl/index.html（編案：本書撰寫時有效）。

6. Hiroshi Nittono, Michiko Fukushima, Akihiro Yano, and Hiroki Moriya, "The Power of Kawaii: Viewing Cute Images Promotes a Careful Behavior and Narrows Attentional Focus," *Plos One*, September 26, 2012 (https://journals.plos.org/plosone/article?id=10.1371/journal.pone.0046362).

7. Simon May, *The Power of Cute* (Princeton, NJ: Princeton University Press, 2019), 9.

8. 這部分原刊於貝淡寧與汪沛合著："How a Cute Baby Elephant Sheds Light on China's Quest for Soft Power," *South China Morning Post*, June 24, 2021.

9. 參見如 Vivian Wang, "15 Chinese Elephants Are on a Long March North. Why, No One Knows," *The New York Times*, September 3, 2021 (https://www.nytimes.com/2021/06/03/world/asia/china-elephants.html)；"These Elephants Packed Their Trunk for a 300 Mile Journey!," *BBC*, June 10, 2021 (https://www.bbc.co.uk/newsround/57414955)；Julia Hollingsworth and Zixu Wang, "Millions of People in China Can't Stop Watching a Pack of Wandering Elephants," *CNN*, June 11, 2021 (https://edition.cnn.com /2021/06/09/china/elephants-china-yunnan-intl-hnk/index.html）。

10. https://www.scmp.com/news/people-culture/trending-china/article/3135726/after-500km-journey-herd-15-elephants-closing（編案：本書撰寫時有效）。

11. 參見 Natalie O'Neill, "Drone Footage Captures Elephant Herd's Nap after 300-plus Mile Trek across China," *New York Post*, June 10, 2021 (https://nypost.com/2021/06/10/drone-captures-elephant-herds-nap-after-300-plus-mile-trek/）。

12. "Baby Elephant Stuck in Ditch Rescued in China's Yunnan," *Global Link: Xinhua Global Service*, June 12, 2021 (http://www.xinhuanet.com/english/2021-06/12/c_1310004751.htm).

13. 我對象群中的兩頭象，據說是偷喝村民自釀的玉米酒之後，醉倒在茶園中睡著了那個畫面，特別覺得不忍。但很遺憾的是，我必須指出，這種說法可能是杜撰的。參見：https://www.thatsmags.com/china /post/30902/this-drunk-elephants-in-yunnan-story-is-what-we-need-right-now（編案：本書撰寫時有效）。

14. 〈有人竟花 1 萬給貓割了雙眼皮〉，《觀察者網》，2019 年 2 月 27 日。

15. John Stuart Mill, *On Liberty* (https://www.gutenberg.org/files/34901/34901-h/34901-h.htm).

16. 2022 年初上海不人道封城兩個月間，的確出現強烈不滿的情緒；但若是政府在北京搞一個類似的封城措施，當下早就會爆發革命了。

17. 參 見 Xinmei Shen, "How to Properly Use Three Popular Emoji on Chinese Social Media," *South China Morning Post*, July 19, 2019（https://www.scmp.com/abacus/culture/article/3029492/how-properly-use-three-popular-emoji-chinese-social-media）。

18. 馬克斯・韋伯在 "Politics as a Vocation"（〈政治作為一種志業〉）一文中的著名論述指出，優秀的政治家必須以「責任倫理」為指導，有時候，可能需要使用道德可疑的手段得到好結果。然而，韋伯區分做決策的政治領導人和執行決策的公務員是根據具體情況而定的。在帝制中國，官員和公務員的升遷路徑並沒有分開，在當代中國也是如此。請參閱我的著作 *The China Model* 對此的討論，頁 75–78。所有為公眾服務的人都是官員，他們應該做出艱難的決定，並為這些決定承擔責任，當然，更高層的政府，其相應的權力和責任也都會增加。

19. 參 閱 Michael Marmot, "Spike by Jeremy Farrar with Anjana Ahuja—Ignoring the Science"（〈杰勒米・法勒和安賈・阿胡賈的《Spike》——忽視科學〉）, *Financial Times*, July 28, 2021。強森還遭爆料指出，雖然他領導的政府發布預防新冠病毒規定，強制所有民眾遵行，但他本人卻視若無睹。

20. 參 見 Benjamin Haas, "China Bans Winnie the Pooh Film after Comparisons to President Xi," *The Guardian*, August 7, 2018（https://www.theguardian.com/world/2018/aug/07/china-bans-winnie-the-pooh-film-to-stop-comparisons-to-president-xi）。即使這些圖像以一種能夠引起共鳴的方式表達可愛，它們也會傷害需要為了共同利益做出困難決定的政治領導人的權威和尊嚴。

21. 「很少」不是「從未」。我有些時候確實也幫助同事。最近，我盡力幫助因新冠疫情限制而滯留國外的同事返回中國。儘管如此，我在其他方面的工作比學院其他領導少；從這個意義上說，我不是一個負責任的院長。

22. 更多細節請參見第九章。我應該補充一點，質疑這種學術排名制度在一個如宇宙般浩瀚的宏偉計劃中的價值，其目的不是在原則上批評這個制度。我們確實需要某種半客觀的制度，為參加僧多粥少的競爭的學者排名。

23. 引自我與丹尼爾・貝爾（Daniel Bell）的私人談話。在山東大學校長主持、任命我為院長的正式儀式上，介紹我是社會學家。這個標籤一直留在大學的官方文件中，我也從未要求更正。貨真價實的丹尼爾・貝爾說，希望有一天，「未來的中國學者可能會驚訝地發現有一位丹尼爾・貝爾不僅長壽得難以置信，而且他的生產力竟然有九十多年。」（引自1993年發送的傳真信；請參閱我為丹尼爾・貝爾撰寫的訃文：Daniel A. Bell, "From One Dan to Another," *Dissent*, January 28, 2011（https://www.dissentmagazine.org/online_articles/remembering-daniel-bell#bell）。

第十一章

1. 參見蔣慶，*Confucian Constitutional Order*，第三章。

2. 諷刺的是，2012年7月11日，林培瑞（Perry Link）批評我和蔣慶合寫、刊登在《紐約時報》言論版的一篇文章說：「該文找不到一個字是北京的中共中央政治局常務委員會不喜歡的。」（https://www.nytimes.com/2012/07/14/opinion/how-to-govern-china.html）他的批評有點怪，因為在當代中國，任何替象徵君主制辯護的文章，都會引起審稿人員的極度不悅。

3. D. Clark, "Support for the British Monarchy 2023, by Age Group," *Statista*, September 5, 2023 (https://www.statista.com/statistics/863893/support-for-the-monarchy-in-britain-by-age/).

4. Terry Haig, "New Poll Suggests Support of Monarchy in Canada Continues to Diminish," *Radio Canada International (RCI)*, March 20, 2021 (https://www.rcinet.ca/en/2021/03/17/new-poll-suggests-support-of-monarchy-in-canada-continues-to-diminish/).

5. James Hankins, *Political Meritocracy in Renaissance Italy: The Virtuous Republic of Francesco Patrizi of Siena* (Cambridge, MA: Harvard University Press, 2023), 269.

6. Tom Ginsburg, Dan Rodriguez, and Barry Weingast, "Constitutional Monarchy as Equilibrium: Why Kings and Queens Survive in a World of Republics"(unpublished manuscript, September 2021), 2–3。 請注意術語的差異。但「象徵君主制」一詞與由象徵君主統治的君主立憲制類似（原則上，象徵君主制的理想即使沒有正式的憲法約束，也可以有效率，所以我更喜歡「象徵君主制」）。Dong Fangkui（董方奎），"The Constitutional Monarchy and Modernization: Kang Youwei's Perspectives on 'Keeping the Emperor and Royal System in China,'" *Canadian Social Science* 10, no. 2 (2014): 1–8。董方奎認為，與二十世紀的民主共和國相比，君主立憲制的發展更加穩定和迅速，他的結論是「君主立憲制應該得到承認和推廣」（頁8）。他沒有加上「在中國」，但含義很明確。

7. 中國在帝制時期，君主和少數民族的關係，不止是提供保護這麼單純。少數民族或外邦如蒙古族或滿族，只要遵照傳承自歷朝歷代的儀典，甚至可以自立為主為君。

8. 上述論證取材自 Ginsburg et al., "Constitutional Monarchy as Equilibrium"。

9. 但是，出現一位如此完美、不會做出錯誤決策的聖主或女性聖主，在抽象思考的層次上畢竟是可能的。果真如此，這個論點就站不住腳了。關於 2040 年出現一位女性聖主統治中國的想像敘事，請參閱 Jean-Louis Roy, *Shanghai 2040*（《上海 2040》）(Montreal: Libre Expression, 2021)。遺憾的是，未來這種情況不太可能發生。在歷史上，很難想像有哪個統治者從未做過錯誤決策。

10. Hankins, *Political Meritocracy in Renaissance Italy*, 268.

11. 這種對中國官員發表講話的非正式規範，沒有任何官方依據。據我所知，不帶感情意味說話人傳達他信守努力工作的承諾和秉公辦事的美德。換一個場合，比如說和朋友一起吃飯，尤其是喝了幾杯之後，同一個人可能變得熱情、有趣，還是位說故事的能手，可以更清楚地表達個人好惡。只講三個重點的規範，也許是兩個極端間的中間立場：如果演講者只提出一、兩個重點，目標受眾會覺得過於簡單化，如果觀點太多，他們又可能會分心。四是要避免的數字，

因為它在中國是一個不吉利的數字，發音聽起來與「死」接近；而五個重點對大多數人來說太多了，難以吸收，所以三個重點似乎是正確的。有時，官員會在三個重點下加入許多小點（我們學院有一位領導，有一次花了八十五分鐘發表演講，我數了數，他提了三十七個小點。這種做法不是吸引大多數人注意的成功策略）。

12. 許慧文（Vivienne Shue）認為，「習近平能汲取帝國禮儀的遺緒，是因為他繼承並且站穩了帝制時代的皇帝在其政治體制中的位置。」參見許慧文，"Regimes of Resonance: Cosmos, Empire, and Changing Technologies of CCP Rule," *Modern China* 48, no. 4 (January 11, 2022): 26（https://journals.sagepub.com/doi/full/10.1177/0097700421106 8055）。

13. Edward Muir, *Civic Ritual in Renaissance Venice* (Princeton, NJ: Princeton University Press, 1981), 186.

14. Ray Huang, *1587, a Year of No Significance: The Ming Dynasty in Decline* (New Haven, CT: Yale University Press, 1981), 3, 5, 76.

15. Huang, *1587, a Year of No Significance*, 46–47.

16. 習近平主席說：「要幸福就要鬥爭。」「鬥爭」這個詞與馬克思主義的階級鬥爭相呼應，但更善意的解釋是，習主席的意思是「努力工作、克服困難、服務人民，就會帶來幸福。」這是一種良好的價值觀，但還有其他方式可以得到幸福。

17. 2018 年 12 月，華為首席財務官孟晚舟在美國政府要求下被加拿大當局拘留；不久後，兩名加拿大人康明凱（Michael Kovrig）和麥克·斯帕弗（Michael Spavor）在中國被拘留。孟晚舟遭軟禁的地點是在她位於溫哥華的豪宅，而「兩個麥克（Michael）」則被關押在條件惡劣的監獄。在此期間，在華加拿大人（包括我）擔心，如果兩國政府關係進一步惡化，他們也可能被扣為人質。三名被拘留者已於 2021 年 9 月獲釋，因此，我必須繼續擔任院長，讓人感覺我是因為政治因素遭到清洗的說法不再有效。

後記

1. 編案：在香港，根據《婚姻條例》，結婚的最低法定年齡為十六歲（以西曆計算），不論結婚雙方居於何地或屬於任何國籍，均可登記

結婚。新人需在婚禮日期前至少十五天，最多不超過三個月，親自或通過婚姻監禮人（即證婚律師）向婚姻登記官遞交「擬結婚通知書」。負責婚姻登記的單位是入境事務處。